崔萍 著

人文主义视角下
中国新时期新闻传播研究

武汉大学出版社

图书在版编目（CIP）数据

人文主义视角下中国新时期新闻传播研究/崔萍著 . —武汉：武汉
大学出版社,2020.11
ISBN 978-7-307-21867-3

Ⅰ.人… Ⅱ.崔… Ⅲ.新闻学—传播学—研究—中国 Ⅳ.G219.2

中国版本图书馆 CIP 数据核字（2020）第 204676 号

责任编辑:聂勇军 责任校对:汪欣怡 版式设计:马 佳

出版发行：**武汉大学出版社** （430072 武昌 珞珈山）
　　　　（电子邮箱：cbs22@ whu.edu.cn 网址：www.wdp.com.cn）
印刷：广东虎彩云印刷有限公司
开本:720×1000 1/16 印张:10 字数:147 千字 插页:2
版次:2020 年 11 月第 1 版 2020 年 11 月第 1 次印刷
ISBN 978-7-307-21867-3 定价:30.00 元

目　　录

引　言

一、问题的提出及意义

对于具有历史意识的研究者来说，对 40 年来新闻传播发展和演变的思考、总结始终是一个挥之不去的情结，其有助于我们更好地理解所处的时代和社会。对这个话题的研究有取自宏观政治、经济角度的，有以媒介文化为角度的，还有从新闻文体角度进行思考的，而以人文主义为角度则是一个新的尝试。

要在人文主义的语境中探讨新闻传播，首先需要对人文主义这一概念进行梳理和界定，因此，"人文主义"一词成为本文的逻辑起点。困难在于，人文主义不是一个思想派别或理论学说，要全面把握人文主义的历史内涵和精神实质非常困难。按照福柯的说法，它是一个"主题"，是"一组超越时间、在欧洲社会的一些场合重复出现的主题；这些主题总是与价值判断连接在一起"，① 正因其开放性和不确定性，阿伦·布洛克在《西方人文主义传统》一书中以"人文主义传统"来命名这些"重复出现的主题"，在阿伦·布洛克的研究中，人文主义作为一个历史范畴，它的理论内容和表现形态一直都处于流变中，按照西方人文主义在历史上的发展特征，阿伦·布洛克把人文主义传统划分为文艺复兴时期、启蒙运动时期、19 世纪及现代几个阶段，并从历史的宏观角度广

---

① 转引自汪晖：《人文主义与启蒙：两个现代主题》，《死火重温》，人民文学出版社 2000 年版，第 357 页。

泛地论及哲学、政治、经济、艺术等领域内的人文主义传统，这些传统都涉及不同时代的理论主张。比如文艺复兴时期肯定人的尊严和价值，要求个性解放，追求利益和世俗的幸福，反对禁欲主义和蒙昧主义；启蒙运动时期倡导人人自由、平等的社会契约论思想；现代人文主义关注人的非理性特征。但总体上说，这些思想或理论主张都不同程度地与文艺复兴时期的人文主义相关，它们从不同层面强调人的本质、价值、使命、地位和作用，也显现出人性、主体性、人的本质力量不断拓展和强化的历史过程。历史上，人文主义是极具包容性的概念，它将诸多现代观念内在地连在一起，建构了现代文明全新的"人性逻辑"。如果对其进行梳理和归纳，人文主义至少具有三个方面的意义和价值：首先，人文主义可以作为一种伦理原则和道德规范；其次，我们还可以从社会政治角度理解人文主义；最后，人文主义是一种世界观和价值观，它的所有思想都是以人为最高尺度和价值归宿。

综上所述，尽管人文主义并非严格的理论学说，但在历史中它有自己特定的背景及特定的内涵，在一定的范围内具有较强的稳定性。在明确其内涵的前提下，人文主义可以作为思维工具和理论切入点，去解析认识对象。

在中国，"人文主义"这一概念在 20 世纪的文化讨论中也经常被使用，在一些关键时期一再登场，比如"五四"新文化运动时期和新时期。"'新时期'与'五四'及欧洲启蒙运动之间的历史对位，构成了极具意识形态意味的隐喻式历史大叙述。"①依循这种历史对位关系，我们可以从人文主义的视角来看待新时期的某些"一致的历史意识和文化想象"。改革开放以来，中国进入"现代化"历程后，人文主义思想作为一种具有现代文化特征的价值观念不断影响着人们的情感方式、思维方式和行为方式，在具体的历史语境中，成为某种具有代表性的社会心理或曰

---

① 贺桂梅：《"新启蒙"知识档案：80 年代中国文化研究》，北京大学出版社 2010 年版，第 18 页。

2

"时代精神"，从而对历史的发展产生举足轻重的作用。在当下的中国，这种作用更直接地表现为诸多思维范式的变革。比如，政治领域提出"以人为本""执政为民""和谐社会"等新的执政理念，经济领域强调"科学发展"，文化领域提倡"人文关怀"，这些观念或主张的出现，都与人文主义在中国的传播不无关系。

从新时期的历史来看，人文主义思想在当代中国的传播首先是思想解放运动的成果，1978 年十一届三中全会提出的"解放思想，实事求是，团结一致向前看"方针及其在实践中产生的社会效应，归根结底，是对人的解放。1980 年代的人文思想主题是反对政治异化、呼唤人性复归，最终实现由"政治逻辑"向"人性逻辑"的转向。1993 年正式确立社会主义市场经济后，又在实践验证基础上实现了更深层次的"人的解放"，此后，与市场经济、民主政治同步发育起来的现代文化观念如平等、自由、科学、民主、法制、效率、人权、个性等，构成中国当代人文主义的具体内涵。因此，中国当代人文主义既包括西方现代化过程中的基本精神，也有自己的时代特色，各种内部要素相互联结相互促成，构成一个与经济基础和政治基础相匹配的意义框架。

本书将这一意义框架作了拆分，将代表着人文主义的思想成果划分为三个方面，并分别使之成为论述人性意识与新时期新闻传播、理性精神与新时期新闻传播和民主观念与新时期新闻传播的思想基础和理论来源，它们分别是：首先，呼吁尊重人性和人的主体精神，强调人的价值和权利；其次是弘扬人的理性，反对盲目崇拜和盲从，推崇科学和批判精神；最后是重视个体的权益和要求，重视个体的自由、独立、平等的民主观念。

从人文主义的角度来考察当代中国的新闻传播极具现实意义和理论意义。从现实的角度来看，中国新闻传播在新时期也走上了关注人的生存、反映人的情感、促进人的自由全面发展的人文关怀之路。应该说，这是 40 年来中国新闻文化变革的主要内涵。正是以这一变化为依据，对照人文主义思想的三方面内涵，本书的一个基本判断就是：人文主义思想成为新时期中国新闻传播的主导思想，在人文主义思想的烛照下，新时期新闻传播焕发出新的价值内涵，种种变化反映了新闻传播对"时代精神"的呼应。在某种程度上，人文主义思想已经深入人心。但同时我们也应看到，新闻界出现的许多问题，实际上都与人文主义的缺失有关，反映出价值观的迷失。人文主义最终要落实到价值选择上，它对当代新闻传播的影响较之政治领域和经济领域要深刻得多，因此从人文主义的角度考察新闻传播活动本质上是对其进行文化反思和终极关怀。于研究者而言，"体现出一种人文精神，对新闻传播的社会使命、历史责任有着深切的体认，通过自己的研究关注新闻传播在促进人们之间的平等、理解，增强相互依赖，实现和谐共生方面的作为等等"，① 这正是本书的理论价值之所在。

　　然而，从人文主义视角开展对新闻传播的研究，一直没有引起足够的重视。长期以来，在新闻学研究中，从个人实践出发，以人性为基础，将人文精神作为重要价值取向的新闻学研究始终不占主流地位。② 实际上，人的全面发展与新闻学的创新如一枚硬币的两面，回避人的问题的新闻学是肤浅的，而缺失了人文精神的新闻学研究，也遗漏了对终极关怀的注目。

　　鉴于此，本书试图把人文主义与新闻学研究结合起来，立足于当代并从人文主义这一视角来审视新时期的新闻传播，以揭示新闻传播与人的觉醒的内在联系。本书研究的问题是：人文主义思想在新时期中国新闻传播中有怎样的体现？从人文主义价值来考察当代新闻传播还存在哪些缺失？造成这些缺失的原因有哪些，有无改进的办法？理论的建构最终是为现实服务的，笔者试图在人文主义的语境中去梳理新时期新闻传播的发展，以人文主义为坐标考察现阶段新闻传播的缺失并思考其缘

---

　　① 谢鼎新：《中国当代新闻学研究的演变》，中国传媒大学出版社 2007 年版，第 137 页。
　　② 姜红：《现代中国新闻学科建构与新闻学术中的科学主义》，复旦大学 2006 年博士论文，第 144 页。

由，期望为当下和今后中国新闻传播的发展提供一点历史参照和理论思考。

二、核心概念界定

（1）人文主义。人文主义是文艺复兴、启蒙运动特定历史时段产生的历史话语，在今天，它已成为现代人类观照自身的发展、现代民主社会普遍的价值诉求和制度根基。本书认为，"人文主义"一词在西方历史发展的过程中，在三个层面上已经稳定了其基本内涵：第一，以人性为中心，强调对作为个体的人的人格、尊严、价值、自由的尊重，强调在个人主义基础上的对人的普遍关爱；第二，对人的理性充分肯定，并在这种肯定之下对宗教、迷信与其他外在异己力量进行否定，即强调理性立场和批判精神；第三，在政治制度上强调人权、平等观念，强调民主是人的自由与解放的必要条件。在书中，它们分别对应着人性意识、理性精神和民主观念三个方面。

（2）新时期。本书还启用了"新时期"这一概念。所谓"新时期"，是指毛泽东时代的计划经济体制向以市场经济为导向的现代化体制的转型期。[①] 与新时期的到来相适应的是，中国开始了"改革与发展"阶段。伴随社会运作方式的转型，是人的活动方式的转变和人性结构的变迁，这种社会变革和人的发展在思想文化领域的回应，即是人文主义的勃兴。新闻史学家李彬将"新时期"区分为两个阶段："一般来说，新时期的30年可以1992年邓小平南方谈话为界，大致分为前后两个时段，前者简称80年代，后者简称90年代。所谓80年代实际上也涵盖70年代末的情况，而90年代同样也涵盖21世纪的发展。这两个时段虽然都统称新时期，并且都以'改革开放'作为时代标志，但其间存在不少差异。简言之，80年代的关键词是思想启蒙、狂飙

---

① 许纪霖：《启蒙的命运——二十年来的中国思想界》，（香港）《二十一世纪》1998年第12期，第28页。

突进，90 年代的关键词是市场导向、多元分化。"①本书所指的"新时期"包括从 1978 年 11 月十一届三中全会以来到目前为止的 40 年时间。大体包括三个阶段：70 年代末到 90 年代初；90 年代初到 21 世纪之初；21 世纪之初至今。

三、相关研究成果综述

新闻与人文主义的研究始于 1990 年代初期。1993 年的"人文精神大讨论"成为 90 年代重要的文化事件，随后人文话语逐渐在当代社会浮现和流行。新闻作为社会文化的重要组成部分，不可避免地被裹挟其中，无论是新闻业界还是新闻学界，对此的反映都体现出强烈的时代特点。

根据笔者的检索，从 1979 年到 2012 年，相关论文近一千篇；但在 1992 年前，人文主义与新闻的论文只有三篇；从 1993 年到 2002 年，约两百篇；从 2003 年到 2012 年，约七百篇。从这些粗略的数字来看，学界对新闻与人文主义的研究呈上升的态势。之所以选择以 1993 年和 2003 年为界限，是因为有关"人文精神失落"的讨论是 1993 年当代文化思潮的热点，自 1993 年起，"人文主义""人文关怀"等话语逐渐成为大众流行话语，不同程度影响到新闻界对研究话题的选择。2003 年，"三贴近"（贴近实际、贴近生活、贴近群众）原则正式由官方提出，给新闻实务带来一定积极影响，也引起了研究者的注目；同时，进入新世纪之后，关于"人文精神"的话题进入"冷思考"阶段，研究逐渐深入、系统、全面，对人文思想的关注度有了较明显的深化。新闻界的研究由于起步较缓慢，变化更加突出。由此，笔者将这一领域的研究成果进行了时间上的划分，以纵向地呈现学界对这一话题的研究趋向。

通过对这些论文进行内容分析，可以发现研究者主要集中考虑了这样几个方面的问题：一是新闻传播在人文关怀方面取得的成绩。新闻报

---

① 李彬：《中国新闻社会史》，上海交通大学出版社 2007 年版，第 248 页。

道在内容方面、报道方式和视角方面所体现的人文关怀意识引起了研究者的注意，比如民生新闻、社会新闻、灾难新闻等。大众传媒人文关怀的内容主要表现出平民化倾向，关怀弱势群体，强调底层体验，关注普通人的生存状态和对个体生命、价值的尊重，以及在深度报道中对人的生存境遇的关注，对理性的追求以促进形成受众的平等、民主、法制等公民意识。这些论文也讨论了新闻报道在形式上的变化，比如报道方式的变化：从灌输到互动，从结论式向动态式发展，从"大众传播"向"分众传播"转向等。虽然新闻传播在人文关怀方面取得了较大成绩，但总体来说，"当代传媒对受众现有的人文关怀与受众所需求的人文关怀相比是相当微薄的，是既不充分又不深刻的"。①

二是传媒人文精神的失落和缺失以及原因分析。这一类论述大致代表了具有批判意味的文化人对传媒人文精神缺失的解读，这类研究的基本学术意图就是在传媒市场化的进程当中，探讨如何能够与完全追逐利润的商业行为适当地划出一条界线，使新闻传播真正体现人文关怀。

三是从宏观上探讨人文主义对新闻传播的意义。童兵发表于《新闻大学》(2001年夏)的《科学与人文的新闻观》从历史和理论两个角度论述了新闻观与人文精神、科学精神的关系。他指出，在科学和人文的交融中认识和描述新闻观念，体验和把握新闻传播规律，是建构正确新闻观的唯一出路。② 尹鸿在《人文精神与大众传媒》一书中解读了人文精神的要义："核心是两点，对个体来说，就是个体的自由，而关心个体的自由就意味着关心他在社会中的尊严。所以，对个体来说关心的应该是自由和尊严。另一方面，人是在社会中生活的，人不是独立的，你为了自己的自由和尊严不能无视他人的自由和尊严，当你在坚持和追求自己的自由和尊严的时候，必然要包含秩序概念，也就是除了个体的概念，它一定包含着整体的概念。人文主义，除了关心个体的自由和尊严

---

① 张淑美：《人文关怀：新闻传播的终极目的》，《新闻爱好者》2003年11月。

② 童兵：《科学与人文的新闻观》，《新闻大学》2001年夏季号。

外，它必须关怀整体的公正性，平等和公正就是整体性。"①叶朗在《大众传媒的人文导向和伦理责任》一文中谈到："过去对大众传媒比较注重它的政治导向，但是大众传媒除了它的政治导向以外，还有一个人文导向问题。""跟人文相联系的就是媒体工作者的伦理责任问题。"②此外，也有研究者将"以人为本"与新闻传播联系起来，比如孙德宏的《思想解放：新闻传播必须以人为本》(《新闻与传播研究》2003 年第 16 卷第 1 期)与丁柏铨的《新闻工作与"以人为本"》(《新闻与传播研究》2005 年第 1 期)就提出了类似的观点。

如前文所述，关于新闻与人文主义的研究自 1993 年以来一直呈上升趋势，由于对这一话题的关注度不断提升，2000 年后，新闻与人文主义研究的专著逐渐增多。如上海大学郝雨教授的《当代传媒与人文精神》(中央文献出版社 2004 年版)，罗彬的《新闻传播人本责任研究》(武汉大学出版社 2011 年版)。此外，还有复旦大学博士王多毕业论文《人文精神与大众传媒》(2006 年)和中国人大博士吴风华毕业论文《以人为本：我国大众传播的新理念》(2005 年)都从不同角度探讨新闻、大众传播与人文主义的关系。

复旦大学博士后王多的出站报告《人文精神与大众传媒》是迄今为止关于这一话题最全面和深入的研究成果。他探讨了新闻的人文精神与人的情感、人的生存状态，以及与人的尊严、地位和价值之间的关系。接着，作者以葛兰西学派和法兰克福学派的理论为支点对新闻传播人文精神的缺失进行了分析，从理论上论述了政治意识形态对新闻传播人文精神的破坏与瓦解作用，描述了意识形态对新闻传播控制的三种模式，即屏蔽知情权、制造虚假需求和驯服与规诫。作者还从新闻的商品化和市场化的角度对新闻人文精神缺失的原因进行了考察，具体分析了其中

---

① 尹鸿：《人文精神与大众传媒》，《媒介二十五讲》，清华大学出版社 2004 年版，第 13 页。

② 李良荣主编：《为中国传媒业把脉——知名学者访谈录》，复旦大学出版社 2006 年版，第 73 页。

的三个层次，即新闻内容商品化、新闻受众商品化和新闻劳动商品化对新闻人文精神的负面影响。另外，作者也阐述了由于科学精神、专业精神的不足导致新闻人文精神的泛滥与越界，从而转化为非人文精神，并对新闻传播造成负面影响。最后，作者探讨了新闻的人文精神的价值张力，分别从三个维度分析了新闻加强人文精神带来的巨大效应，即新闻深度、媒体影响力和新闻的公共诉求。① 这篇论文在立场上基于对现状的拷问和批判，整体思路上强调对人文精神缺乏的反思。

罗彬的《新闻传播人本责任研究》通过考察新闻传播与"以人为本"的关系及我国新闻业在现代社会转型过程中人文关怀精神的发育和存在状况及其流变过程，客观地呈现我国新闻传播中"以人为本"理念的形成及其现实状况，从新闻传播活动的本质、时代特征、人的主体性发展及人的具体需求等入手分析，提出应把新闻传播置于人的价值背景来考察，把"以人为本"作为新闻传播重要价值观来考量，将"以人为本"上升为一种道德责任，即人本责任；提出作为伦理原则和道德规范的人本价值应成为新闻传播活动首要的价值，人本责任是新闻传播的核心责任等思想。②

虽然新闻与人文主义的研究已取得了一些成果，但总体来说，人文主义思想对新闻传播的意义、影响以及对新闻理论构建的价值还没有得到中国新闻界的足够重视。新时期以来新闻传播业所发生的种种变化在某种程度上昭示着人文主义思想正日益成为一种内在的价值尺度并规范着新闻实践，只是还缺少理论上的系统总结。新闻传播与人文主义的研究可以说是有待进一步发掘的领域，对于研究者还有很大的思考空间。

目前相关研究的不足之处主要在于：对人文主义与新闻传播之间关系的研究多为宏观论述和经验感知类的叙述，或着眼于个例，或偏重某一个方面的解析，缺少系统、深入的历史分析，没有注意到它在新闻传

① 王多：《人文精神与大众传媒》，复旦大学 2006 年博士论文。
② 罗彬：《新闻传播人本责任研究》，武汉大学出版社 2011 年版，第 3 页。

播发展中的演进脉络；对人文主义的理解仍局限在道德伦理层面，没有考虑到社会政治意义等方面的内涵，也没有关注到它在当代文化思潮中的重要地位；在思考新闻传播中人文主义精神缺失及其原因时，由于其牵扯的范围太广，大多数文章是流于某种表面的现象作一些泛泛之谈，无法厘清其背后复杂的商业关系、公共关系与权力关系，因此，批判过于简单，忽视了社会文化背景和历史渊源；相关研究多是"规范性"的，是对"理想状态"的希望和要求，而不是对历史发展过程的描述和分析。这些正是本书要努力克服的，也是要深入研究的领域。

四、研究思路、框架和方法

1. 研究思路和框架

人文主义和新闻传播是一种相互影响的关系，一方面，人文主义是新闻传播的内核，新闻传播要以人文主义为其内在要求和价值取向；另一方面，新闻传播不仅是人文主义的传播者，而且在一定程度上是人文主义的创导者。而人文主义就其本质而言，是以人本、理性精神、民主观念为构成部分，且这三者之间存在着内在的逻辑关系，因此，本书在构建全书的结构时，既注重从人文主义的整体来研究，也注重从人文主义的内在构成部分来进行具体分析，采取总—分—总的结构方式。

人文主义是历史性的，在不同的历史时期，对人文主义有着不同的认知，人文主义也有着不同的发育程度，这对新闻传播起着决定性的作用。中国经过新时期的三次人文主义思潮，初步形成了中国语境下的人文主义思想，这种思想既有巨大的历史进步性，也有明显的现实不足性，这两种特性都在新闻传播中有大量的体现。因此，本书在分析人文主义与新闻传播的关系时，既分析发展进步，也研究落后与不足，使读者一目了然地理解新时期以来人文主义视角中的中国新闻传播。

基于此，本书采用纵横结构架构全文，纵向论述新时期中国新闻传播在人性意识、理性精神、民主观念上的体现，横向剖析新闻传播在这三个方面的缺失和不足。全书包括五章内容和引言、结语。第一章，人文主义与中国新时期新闻传播，主要界定人文主义的内涵，人文主义思想在新时期的流变以及对中国新闻传播的影响；第二章，人性意识与中国新时期新闻传播，主要论述人性意识与新闻传播的关系，人性意识在新时期新闻传播中的表现，以及人性标准下的新闻传播的缺失；第三章，理性精神与中国新时期新闻传播，主要论述理性精神与新闻传播的关系，理性精神在新时期新闻传播中的表现，理性精神标准观照下的新时期新闻传播；第四章，民主观念与中国新时期新闻传播，论述政治民主与新闻传播的关系，新时期中国政治民主观念在新闻传播中的体现，以及民主观念观照下的新时期新闻传播的缺失与不足；第五章，对弘扬新闻传播人文精神的思考，从推进新闻体制改革，他律与自律的统一，传媒工作者的修养三个方面进行论述。

需要指出的是，第二、三、四章的第二节主要是从纵向的角度对人文精神的发展和变化的特点进行分析，因为本书不是定性的深度分析和系统的历史比较，所以选取一些有代表性的新闻现象作为研究对象，来分析新闻传播在人性意识、理性精神和民主观念上的历史嬗变。

2. 研究方法

首先是历史分析法。所谓历史分析法，《新闻学大辞典》是这样定义的："具体分析方法的一种，即运用发展、变化的观点分析事物和社会现象的方法。客观事物是发展、变化的，分析事物要把它发展的不同阶段加以联系和比较，这样才能弄清楚其实质，揭示其发展趋势。有些矛盾或问题的出现，总是有它的历史根源，在分析和解决某些问题的时候，只有追根溯源，弄清它的来龙去脉，才能提出符合实际的解决办法。"①采用历史分析法，研究者需要对研究对象的变化进行分析和解读，本书采用理论分析的框架和方法对40年来新闻传播的发展演变进

---

① 甘惜分:《新闻学大辞典》，河南人民出版社1993年版，第216页。

行梳理和分析，把历史还原到当时的社会环境和文化思潮中，解析变化的特点，从而积累历史的经验，镜鉴未来的发展。

其次是文献研究法。"所谓文献研究法，就是通过对搜集来的文献的分析研究，以获得有关研究对象的信息资料的方法。"①本书全面收集各种有关文献，特别是第一手、第二手资料，结合新闻理论、新闻史、当代文化思潮等学科的成果，探析新时期新闻传播在人性意识、理性精神、民主观念上的发展和特点。本书通过对文献的研究和分析，力求达到一个对中国新闻传播全面深入的了解。

最后是解释性研究法。将新闻传播在人性意识、理性精神、民主观念方面的缺失和不足置于社会政治、经济、文化的立体背景中考察其背景和原因。

---

① 陈波：《社会科学方法论》，中国人民大学出版社 1989 年版，第 212 页。

第一章　人文主义与中国新时期新闻传播

　　人文主义是西方社会现代化过程中的核心思想，在 20 世纪的中国也一再登场。新时期，伴随着中国的"改革开放"和"思想解放"历程，人文主义思想以社会思潮的形式影响着当代中国的历史发展，引起社会观念和社会文化的巨大变化。新时期的人文思潮构成中国社会的宏观文化背景，它与人文主义的关系是局部性文化观念和整体性文化思潮的关系。历史证明，新闻传媒这种文化工具的发展和运用离不开特定的文化背景，新时期的新闻传播处于一个历史转折时期，新闻改革是在人文思潮的大背景下进行的，新闻传播作为社会文化传承的主要阵地，必定会打上人文主义的烙印，成为对特定时代的反映。比如 1980 年代的新闻界应和着时代的大背景和社会的大环境，高扬启蒙精神，张扬主体价值，在拨乱反正、推进改革、开启新风上成为引领时代潮流的排头兵；90 年代的新闻界面对价值失范的现实，努力寻找人的精神价值，弘扬新闻传播的人文精神。总体而言，人文主义思想在新闻传播中的渗透是历史的进步，也是新闻传播发展的历史必然和时代要求，是新闻传媒在市场经济中维系自身存在和发展的本质要求，因为人文主义所倡导的价值是受众内心永恒的追求。

第一节　人文主义的内涵辨析

一、西方人文主义的内涵

　　"人文主义"是英语 humanism 的中文译名，humanism 也译为人道主义、人本主义，本文采用惯用称法，统称为人文主义。"人文主义"是西方文化的集中体现，也是长期存在于西方社会的主流思潮，但是，人文主义概念使用极其广泛，含义也十分模糊，其确切的含义在西方学界也存在争论。

人文主义的精神渊源要追溯到古希腊时期。古希腊人创立了语法、修辞、逻辑、算术、几何、音乐、天文学七门学科，以之施行于教育。全面培养儿童身心，此即 paideia，又称"美优之艺的教育训练"（education and training in the liberal arts），它意味着通过教育把人从自然的状态中脱离出来，发现他自己的 humanitas（人性），使人成为"人"的过程。英文的 humanism 就来自 humanitas 这个词。从 14 世纪末开始，意大利人渐渐兴起了对古希腊的语文学习，人们为了区别其他科目的学习，就开始把 humanitas 一词转借为学校设置的一门课程的专有名词，相当于今天所说的"人文学"课程。1808 年，德国教育家 F. J. 尼特哈麦在讨论中等教育中古代经典的地位问题时，提出中学课程应该重视古希腊文和古拉丁文的教育，这两种古典语言课程所传授的知识，他合称为humanismus，就是人文主义，这个词正是根据 humanitas 所创立的。由此可见，从词源学看，"人文主义"最初的基本含义与教育传统有关，尽管在各种语言中称法不一，但作为教育、人性、文化等基本内涵并未改变。自 F. J. 尼特哈麦始创"人文主义"一词之后，历史学家乔治·伏伊格特于 1859 年出版的《古代经典的复活》一书中首次将"人文主义"用于文艺复兴的研究；第二年，瑞士历史学家雅各布·布克哈特在《意大利文艺复兴时期的文化》中提出人文主义代表着文艺复兴时期的主要价值观，而个人主义是人文主义的基石，并把它作为区分中世纪思想与现代思想的一个标志。因此，近代意义上的人文主义是在历史学家对文艺复兴思想不断深入研究中，最终建立起与文艺复兴之间的对位关系，从这个时候开始，"人文主义"一词开始被用来概括意大利文艺复兴时期人文学者的世界观。英国哲学家阿伦·布洛克在其《西方人文主义传统》一书中曾这样评价两位 19 世纪历史学家在人文主义研究上的作用：

"伏伊格特和布克哈特这样的十九世纪历史学家的功劳，就是把'人文主义'一词用于他们认为与古典学问的复活有关的新态度和新信念上，他们把这种新态度和新信念称为文艺复兴时期的人文主义。"①因此，我们可以判断，"人文主义"一词的内涵是在文艺复兴运动之后形成的，也就是我们通常所理解的通过高扬人的主体性来对抗宗教神学对人的压迫这一层面的含义。

如前文所述，考证"人文主义"一词的词源，其在古代的意义指向"人性的教育"。但这仅仅是该词的第一层次的含义，因为，为实现人性，就必须把人从内在的原始粗鄙、无知以及外在的束缚、压迫之中解放出来，所以，这种人文性的人的本质起码应该包含着以政治意义上的自由、民主为基础的对自由的无限追求，以及以非功利为目的的科学（理性）精神。

这一哲学意识的确立始自文艺复兴时期。14世纪，在意大利商业发达的城市，新兴的资产阶级中的一些先进的知识分子借助研究古希腊、古罗马文化，通过文艺创作，宣传人文精神，开始在欧洲掀起一场思想文化运动，带来一段科学与艺术的革命时期，"以文艺复兴为序幕的近代人文主义，它的现实基础是由自然经济为基础的社会运作方式向以市场经济为基础的社会运作方式的转型。社会运作方式的转型，是一场深刻的社会变革，是人的活动方式的转变，人性结构的变迁，它使人成为摆脱人身依附羁绊的自主独立的新人。这种社会变革和人的发展在思想文化领域的回应，即是人文主义精神的勃兴，它使'认识人的本性'这一早在古希腊神话和哲学中就提出和探讨的'司芬克斯之谜'在新的时代条件下得到伟大的复兴"。② 由此揭开了近代欧洲历史的序幕，希腊的人文精神得以"复活"。

---

① ［英］阿伦·布洛克著、董乐山译：《西方人文主义传统》，三联书店1997年版，第6页。

② 李淑梅：《社会转型与人的现代重塑》，陕西教育出版社1998年版，第2页。

　　以文艺复兴为起点，人文主义成为西方思想史上的重要现象，在不同的历史时期，人文主义呈现出不同的面貌和特征；在不同的历史条件和文化背景下有不同的内涵和价值。因其内涵的流动性和丰富性，我们无法将其视为一种理论学说或思想流派，虽然如此，不同历史时期和文化背景下的人文主义却因"具有代表性的，对因时而异的问题的共同关心所维系在一起"，① 这些"共同关心"即指人的本质和价值、人的尊严和幸福、人的自由和发展、人和世界的关系等一系列思想和理念，基于这些共同点，阿伦·布洛克按照西方人文主义在历史上的发展特征，把人文主义划分为文艺复兴时期、启蒙运动时期、19 世纪及现代几个阶段。

　　文艺复兴作为西欧历史上一次伟大的新文化运动，几乎涉及政治、经济、艺术、宗教、哲学、道德、伦理等所有社会和文化领域的创造和革新，而它最有价值的是对时代精神的映射——以人道反对神道，以人权对抗神权，以个性解放反对宗教束缚，最终完成由以神为中心到以人为中心的文化转型；在文艺复兴时期人文主义运动的启发下，西方在17、18 世纪爆发了以自由、平等、人权、博爱和现代民主为追求目标的启蒙运动，启蒙思想家的人文主义理论要求现实的一切都要合乎人的理性。这种理性的人文主义在政治、经济和意识形态的各个领域内直接抨击封建专制制度，把自由、民主、平等的社会政治权利当做本质属性，并以此来指导资产阶级进行反封建的民主革命，建立现代资本主义社会的思想武器。19 世纪的人文主义思想直接来自启蒙运动的思想成果，法国国民议会于 1789 年通过了第一部宪法，其序言为《人权和公民权宣言》，这一文件的公布，是人文主义获得胜利的重要纪录。从此以后，人文主义始终是资产阶级建立和巩固资本主义制度的重要思想武器。在现代西方社会，这一思想得到继续发展，成为社会的普遍价值

----

　　① ［英］阿伦·布洛克著、董乐山译：《西方人文主义传统》，三联书店 1997年版，第 3 页。

观念。

纵观西方思想史上人文主义的发展，人文主义是伴随着现代工业文明的发展，和现代化的进程发展起来的，它既是现代化的先导和观念基础，也是现代化的必然产物。丹尼尔·贝尔曾经这样描述这段历史：现代主义像一根主线，从 16 世纪开始贯穿了整个西方文明。它的根本含义在于：社会的基本单位不再是群体、行会、部落或城邦，它们都逐渐让位给个人。这是西方人理想中的独立个人，他们拥有自决权力，并且获得完全自由。[1]　确立以人为中心和准则的处世哲学，从这个意义上讲，人文主义获得了最大的肯定。

西方近代"人文主义"经历了一个复杂的过程，含义也复杂多变。但是，它依然大多是从不同角度和层面上强调人的本质、价值、使命、地位和作用。[2]　它的一切思想理论均强调应以人为出发点和归宿，以人为尺度。笔者认为，人文主义思想在推动近代西方历史发展的过程中，其自身在三个层面上已经稳定了基本内涵：第一，以人性为中心，强调对作为个体的人的人格、尊严、价值、自由的尊重，强调在个人主义基础上的对人的普遍关爱；第二，对人的理性充分肯定，并在这种肯定之下对各种外在异己力量进行否定，即强调理性立场和批判精神；第三，在政治制度上强调人权、平等观念，强调民主是人的自由与解放的必要条件。

二、中国文化中的"人文主义"思想

虽然人文主义起源于西方，但学界对中国文化中的人文主义思想也一直都有研究和讨论。冯天瑜教授在《有关"人文"的几点辨析》一文中考证出中国古代文献中最早提到"人文"一词的是《周易》，他认为在中

---

[1]　丹尼尔·贝尔著、严蓓雯译：《资本主义文化矛盾》，江苏人民出版社 2007 年版，第 61 页。

[2]　刘放桐：《"人本主义"和"人本主义哲学思潮"随想录》，《学术月刊》1999 年第 10 期。

国文化传统中，"人文"一词与"天文""天运"相对应，"人文"的原初意义包含有三个层次："其一是与自然天象相对的人类文明或文化，从中显示出中国文化中'自然/文化'的区分和对立是早有传统的；其二是与自然事物定数相对的人事人理，也就是自然规律与人的主观能动性之间的区别；其三是将'人文'理解为'化成天下'，作为对'人文'的最早阐释，已包含了后来中国'人文'非常强调'伦理教化'的功能的意思。"①由此，冯天瑜教授认为："在'远神近人'，以人为本位这一点上，中国古已有之的人文传统与欧洲文艺复兴的主流思想有相通之处，故以'人文主义'翻译欧洲文艺复兴思潮'Humanism'不无道理。"②张岱年先生也认为，儒学的中心思想是关怀人生价值，即肯定人的价值，肯定人贵于物，肯定现实生活的价值；虽然，儒家更肯定了道德的价值，所谓道德即是生活所应遵循的原则，在一定条件下，为了实现崇高的道德理想，可以牺牲自己的生命，总的来说，儒家认为人的价值、生活的价值、道德的价值三者是统一的。所以，张先生认为，以儒学为代表的中国传统文化有一个显著的特点，就是以"人"为中心，儒家思想是人本主义，是古代的人道主义。③

但是，在人文主义的内涵上，不少学者认为"人文主义"有"西方的"与"中国的"两种含义。"虽然两者具有共通性，但意大利模式的人文主义在中国是不存在的，意大利人文主义与中国历史上的人文主义性质不同。"④

笔者认为，人文主义是中国文化基本精神的重要内容，人本是中国传统文化的基调，是中国古代各种哲学派别的关注焦点。整个中国传统文化的政治主题和价值主题，始终围绕着人展开。欧阳修曾云"人者万

---

① 冯天瑜：《有关"人文"的几点辨析》，《中国社会科学》1997年第1期。
② 冯天瑜：《有关"人文"的几点辨析》，《中国社会科学》1997年第1期。
③ 张岱年：《张岱年全集》第6卷，河北人民出版社1996年版，第353页。
④ 张椿年：《从信仰到理性——意大利人文主义研究》，浙江人民出版社1993年版，第23页。

物之最灵也"，古希腊哲学家罗泰戈拉提出"人是万物的尺度"，在某种程度上，东西方的人文主义观有一定的相通之处。但是，两者的差异也是很明显的。

第一，"中国古代人学的根基是以血缘宗法关系为核心的家国同构的集体主义、看重人伦日用的经验主义、内圣外王的伦理主义、当下直觉的审美主义。通过儒道互补的方式，中国古代人学在把握人与人、人与社会的关系方面，形成了独特的风格与智慧。"①中国传统文化中的人本主义思想，由于具有明显的重人伦轻自然、重群体轻个体的倾向，过分强调个人的义务和道德人格的独立性，而不重视个人的权利和自由，因此与近代西方资产阶级人本主义有着质的区别。②

第二，文艺复兴时期，人文主义的最初意义指向包括对宗教、迷信、权威的反抗，随着西方历史的发展又充实了关于自由的内涵，尤以政治意义上的自由为基础，并强烈指向精神自由的价值追求，基于此，人文主义因此就包含着理性立场和批判精神，这种精神在中国文化中虽不缺失，但不是主流。

第三，按照冯天瑜教授在《有关"人文"的几点辨析》一文中的考证，中国的"人文"与"天文"是相对应的，"文"的本意是"花纹"的意思，引申为"规律"，天文是天的规律，人文也就是人与人之间、人与社会之间的规则及规律。中国的人文虽然也强调了教化作用，但其目的不是为了人的解放和自由，而是为了政治统治的需要。因此，中国古代的"人文"一词与民主、平等的政治观念没有本质的关联性。

三、马克思主义的"人文主义"精神

虽然马克思主义没有专门论述人文主义，但马克思主义哲学中包

---

① 包晓光：《中国当代文艺思潮与人学精神》，《文艺理论与批评》2007年第6期。

② 张岱年、方克立主编：《中国文化概论》，北京师范大学出版社2004年版，第292页。

含着丰富的人文主义思想，马克思、恩格斯对人的全面发展的探索，贯穿于马克思主义理论创立与发展的整个过程。马克思主义对人文主义的最大贡献是引入唯物史观，并对西方人文主义思想批判地继承。

首先，以人为本是马克思主义人学思想的价值取向和精髓。马克思认为，人的生活世界是人们生产实践和创造的结果，因此，要关心和重视作为社会历史活动的主体即从事实践活动的人，满足人民群众的生存和发展需要。一切社会历史活动，尤其是社会治理理念和措施，都必须在根本上造福于广大人民群众的生存和发展需要，使之有利于人民群众作为人所具有的人的本质力量的充分发挥和才能的全面发展，马克思的这种观点超越了西方人文主义的抽象发展观。

其次，马克思主义摆脱了西方人文主义的"抽象的人"的概念。马克思主义对"人"的理解超越了费尔巴哈将人局限于生物学和生理学的层面，而从社会的角度来理解"现实的""历史的"个人，充分重视人的物质生产活动与人的主观需要之间的联系。可见，马克思主义理论中的"人"是从事劳动或生产实践的社会人，而不是西方人文主义思想中抽象的人。

最后，指出了人的自由和解放的实现途径。马克思主义认为，人是社会发展的动力来源，最大限度地实现人的全面、自由的发展是整个社会发展的最终目的。唯物史观明确主张从现实的、有生命的个人本身出发，通过社会的发展实现人的全面发展。马克思主义认为，人既是目的，也是手段，人总是按照人的尺度来评判历史；社会历史是不断解放人的历史，是人从对人的依赖走向对物的依赖再走向自由个性的历史。在人的自由和解放的实现途径上，马克思主义超越了西方人文主义的唯心史观。我国曾有一段时期将人文主义与马克思主义对立起来，直到1980年代掀起思想解放运动，才开始重新认识和肯定两者的联系。总而言之，人文主义并不是西方社会所独有的，马克思主义对西方人文思想的批判继承使人文主义的内涵更加丰富和全面。

四、人文主义内涵总结

由上分析可知，人文主义并不是一种理论学说，它可以视为一个主题，一种价值追求，不同的理论流派、不同的文化、不同的社会形态对其有不同的理解。虽然这些理解有各种各样的差异，但是我们仍然能够从中寻找出其共性，这些共性就构成了人文主义内涵的核心。

首先，所有的人文主义思想都以人为出发点和归宿点。无论是西方的人性论，中国传统文化的民本论，还是马克思主义的人本论，都强调人的主体性作用，强调人的根本性地位。因此，我们可以认定，人是人文主义的起点，满足、实现和发展人的精神需求和物质需求应是社会政治、经济、文化的终极追求，人本精神是人文主义的内核。其次，人本价值的实现需要一定的条件。任何人，既是一个独立于他人的个体，又是一个一定社会中的成员。作为一个个体，他必须具有理性精神，否则，他的愚昧会阻碍自身权利的维护和实现；作为一个社会成员，他又是一个"社会人"，即"政治人"，当政治成为一种奴役的时候，人本精神所追求、所向往的人的解放和自由是不可能实现的，只有在一个公正、平等的社会中，人本精神才有实现的可能。

综上可知，人文主义是以人本精神、理性精神和民主政治为构成内容，人本精神是人文主义的核心内涵，理性精神和民主政治则分别是人本精神得以实现的内在和外在条件，这三者是缺一不可的，相互之间有一种内在的逻辑关系。

从中，我们也可以看出，人文主义是有历史性特征的。理性精神在不同的历史时期总是有着不同的解读和界定，而且，由于民主观念的不同，政治也总是表现出不同的形态，民主的实现程度决定着人本价值的实现程度，而这两者综合在一起，则决定了人的地位、权利、价值等人本精神在一定的社会阶段中的界定和实现。

第二节　新时期中国语境中的人文主义

新中国成立后相当长一段时间，人文主义所蕴涵的价值和思想一直被作为"西方资产阶级"的主要观点而遭到严厉的批判。始于 1970 年代末的改革开放和思想解放运动标志着中国迈进现代化历程的开端，改革开放使中国的政治、经济、社会发生重大变化，在这个过程中，人文主义以思潮的形式广泛存在于哲学、政治学、伦理学、文学、艺术等领域，"'思潮'这一称谓本身就显示出在不同领域之间存在的'共振'，它们未必完全是'同调'的，却分享着某种一致的历史意识与文化想象"。[①] 新时期的人文思潮与经济发展、历史进步的内在要求相联系，为改革束缚社会生产力和人的主动性的经济、政治体制开道，最终是要重建一个以人的发展为中心的价值观念体系，即"人是目的，不仅是社会主义生产的目的，而且是一切工作的目的"。[②] 这一始自 80 年代的理想在新的世纪终于融入中国的主流意识形态，成为今天执政党政策的重要理论基础。

一、人文主义思潮的产生

对新时期中国语境中的人文主义的追溯要回到 20 世纪 70 年代末 80 年代初开始的第一次人文主义思潮：党和国家不断冲破"左"的思想束缚，进行意识形态的重建工程；思想文化理论界则重启人文主义的大门，反思"文革"悲剧产生的原因，揭露"左"倾假马克思主义。最初，理论界所反思的核心内容即是以"人"为中心，围绕着"人性""人道主义"等问题进行理论思考。比如什么是人性和人道主义，有没有超阶级、超历史的"广义的人道主义"，马克思主义和人道主义是什么关系，

---

① 贺桂梅：《"新启蒙"知识档案：80 年代中国文化研究》，北京大学出版社 2010 年版，第 49 页。

② 王若水：《为人道主义辩护》，三联书店 1986 年版，第 233 页。

要不要宣传和实行社会主义的人道主义，什么是"异化"，现实中有没有社会主义的"异化"等。这是新时期首次关于人文思想的讨论，实际上是一场以"人性复归"为主题的思想解放运动。最先敏锐感知到这些问题的是文艺界，早在 1978 年，文艺界即已开始关于人性论的讨论，并在创作中有了丰富的体现。

文艺界的人性论讨论刚尘埃落定，哲学界又展开了关于"异化"和人道主义的讨论。原《人民日报》副总编辑王若水率先发表《关于"异化"的概念》（《外国哲学史研究集刊》1979 年第 1 期），文章指出："异化就是异己化。本来是属于自己的东西，脱离了自己，变成了异己的，敌对的东西，这就是异化。"由此拉开讨论的序幕。在这场讨论中，高尔泰的《异化及其历史考察》和《异化现象近观》、阮铭的《人的异化到人的解放》、王希哲的《无产阶级专政是人道的专政》、王守昌的《马克思主义的实质是人道主义》、汝信的《人道主义就是修正主义吗？——对人道主义的再认识》等文章受到较大关注，他们从不同角度质疑了多年来对人道主义的批评，论证了马克思主义与人道主义不仅不矛盾，还有诸多相通之处。在此期间，王若水于 1980 年、1983 年分别发表了《人是马克思主义的出发点》和《为人道主义辩护》等文章，在《为人道主义辩护》一文中，他批评了中国极"左"思潮自 60 年代以来对人道主义的攻击和指责，指出人道主义就是以人的价值、尊严、幸福和发展及自由为主旨和目标的观念或哲学。1981 年，由《人民日报》社组稿，以王若水同名文章编辑的《人是马克思主义的出发点》一书，成为这场讨论的"制高点"。① 关于人道主义的讨论在 1982 年到 1983 年间形成高潮，据统计，这一时期发表的有关文章已多达七八百篇，各地出版的文集有 20 多种，② 讨论在 1983 年形成最后的交锋。

---

① 崔卫平：《"人道主义和异化问题"讨论始末》，《炎黄春秋》2008 年第 2 期，第 22 页。

② 尹继佐、高瑞泉：《二十世纪中国社会科学·哲学卷》，上海人民出版社 2005 年版，第 356 页。

思想理论界的讨论日趋活跃，对一些问题的表达也有尖锐化倾向，这些表现引起了党的高层领导的注意，为了防止讨论"越界"，1983年10月，党中央发起了"清除精神污染"运动。"人道主义"讨论也受到运动的波及，有一些参与讨论的学者在报刊上发文对自己的观点进行了检讨，讨论的性质发生了某些变化。

作为80年代初中国社会思想解放的发端，关于人道主义的讨论紧迫地反映了当时中国社会发展的现实需要，也紧密贴合社会心理的走向，它的影响深入文学、哲学、历史学、新闻学等人文社会科学领域，其中的某些思想观念在社会实践中积淀下来，并最终以"普世价值"的面目进入社会生活领域。当时的人们以空前的热情迎接它的到来，它有力地支持了理论界的思考，配合了对人性、人情以及人道主义的反思。

二、人文主义思潮的发展

20世纪80年代初对人道主义的讨论仅限于党内理论家，讨论的内容也在马克思主义理论范畴之内，尽管它在一定程度上有对主流意识形态"越界"之嫌，但总体上是一致的，它们互为依托，共同推进了思想解放的历史进程。随着思想解放的深入和人文思潮的推进，到80年代中期后，一批精英知识分子开始了对现代启蒙的追求。

"主体性"是启蒙思潮的重要方面，是"1980年代中国社会思潮主流的哲学符号或形而上表达"。① 在哲学领域，主体性是一个重要的范畴。1981年，李泽厚发表《主体性论纲》，直接影响当时的思想状况。受此启发，文艺理论家刘再复在1985年第6期《文学评论》上发表《论文学的主体性》一文，提出了著名的三论："性格组合论""文学主体论"和"国魂反省论"。文章的主旨是重新肯定人的主体性，认为主体性既包括实践主体性也包括精神主体性。刘再复对主体性的肯定实际上继承了

---

① 高瑞泉、杨扬：《转折时期的精神转折——"新时期"以来中国社会思潮及其走向》，上海古籍出版社2008年版，第2页。

第一次人文主义思潮中所提出的"人道主义"思想，由此引发的理论探讨形成了 80 年代中期的第二波人文主义思潮。

在"主体性"讨论之外，80 年代中后期在知识分子中间还兴起引介西学的热潮，并对中国传统文化进行反思，又称"文化热"。文化学者甘阳曾经谈到："很多人认为中国之所以没有现代化，是因为'中国文化传统'有问题，所以用西方文化作对照来批判中国文化传统，成为 80 年代中期'文化热'的主流。"①所以，应大规模地引进西方文化。在当时，多种介绍西方文化的丛书影响极大，这些丛书的出版在"文化热"中产生了巨大的影响。比如 1985 年出版的《文化：中国与世界丛书》主要介绍了从古典到现代的西方人文主义思潮。在众多知识分子的努力下，整个 80 年代，中国思想文化领域导入了大量的西方学术资源和话语。但是，"不管使用哪一套西方话语，要干的还是同一件事，那就是批'左'，批'文革'，走民主和科学的道路。不同理路只是不同角度，共同的价值核心是对人的重新肯定，对个人的重新肯定"。② 从某种意义上说，"文化热"也是对"五四"新文化运动的反思，因此"文化热"也被称为"新启蒙"。

对于 20 世纪 80 年代的启蒙运动者来说，人的解放、人性的复归、人的自由和人的尊严，始终是"主体性"的内涵要素。为了凸显人的主体性，必须打破传统集权体制套在人身上的枷锁，将自我解放出来，回归人的本性。这些思想显然已超越了在马克思主义理论内对人道主义的探讨，更接近西方人文主义对"人"的理解：个人不是国家、民族实现自己目的的一个工具，而是一个独立的存在。这一时期理论界对人的价值、人的主体性、个性解放等问题展开了孜孜不倦的探讨，而重建人的主体性，正是"新启蒙"运动的重要目标。在由"新启蒙"运动引领的人

---

① 甘阳：《八十年代的现代性批判与九十年代转型》，http://www.forum1.cn/show.aspx? id=122&cid=155。

② 许明：《当代中国的文化发展》，中国大百科全书出版社 2008 年版，第 78 页。

文思潮中，现代性、启蒙、民主、理性、自由等令人眼花缭乱而又激动万分的话题和理论往往与"主体性"概念交织在一起，构成 80 年代中后期人文话语的不同表达，不管是在理论界还是社会生活中，都引起空前关注和热议，它们本质上都属于反对"文革"、反对专制的思想解放思潮，在这一点上，知识分子具有普遍的共识。

三、人文主义思潮的深入

80 年代，人文主义思潮针对传统政治体制对人的压制和对人的价值的否定，提出了"人的解放"的口号。"在'人的解放'的旗帜下，持有各种相异立场与观点的人们，组成了精神上极为广泛的统一战线。"[1]那就是对"文革"的反思和呼唤人的尊严、价值、自由、启蒙以及思想解放，政治上发展民主，支持经济开放与政治改革。"造成这种同质性思潮的原因，在全能主义政治体制下，青年知识分子处于同样封闭的环境，受同样的环境刺激，生活于基本同质的社会结构中，不存在明显的阶层分化与利益对峙。这种生存条件的同质性，导致对'文革'的逆向心理的同质性，这正是 80 年代知识分子自由启蒙思潮，即思想解放的社会心态基础。"[2]

进入 90 年代后，中国的市场经济初步成型并开始加速发展，由此引发的社会文化转型所导致的最直接和最明显的变化就是世俗化和商业化倾向开始统领社会文化价值观。在社会全面商业化的背景下，人的自然欲望和功利性追求被释放出来。如果说，在政治第一的年代，人的价值被政治异化的话，那么，在市场经济的世俗化过程中，人的价值则被商业异化。在不可阻挡的商业化大潮中，人的价值和自我意义何在？人文精神何以存续和发展？在看待这个问题的态度上，知识分子内部发生了分歧，一部分知识分子充分肯定世俗化所带来的正面意义，尤其肯定

---

[1]　许明：《人文理性的展望》，《文学评论》1996 年第 1 期。

[2]　萧功秦：《当代中国知识分子的思想分化及其政治影响》，《中国的大转型：从发展政治学看中国改革》，新星出版社 2008 年版，第 327 页。

世俗化在对抗政治专制主义和个人生活禁欲主义方面的作用，一部分知识分子则对世俗化的负面效应表达出强烈忧虑，从道德角度对物欲主义进行猛烈抨击。1993 年开始的"人文精神大讨论"就是这两种立场的碰撞和观点的交锋。

1993 年下半年，上海学者王晓明和他的学生就当前文学现状进行了一场谈话，并在《上海文学》第 6 期发表了《旷野上的废墟——文学和人文精神的危机》；《读书》杂志 1994 年第 3 期到第 8 期发表题为《人文精神寻思录》的专栏文章，使人文精神的讨论逐渐在全国展开，并从文学界扩展到整个学术界，多家权威报刊如《东方》《光明日报》《文艺报》《中华读书报》《文汇报》等开辟专栏提供讨论舞台。讨论焦点为"人文精神是否失落""如何重建人文精神"，而对"人文精神"的不同理解是论争的症结所在。这场讨论吸引了大批文学理论界和哲学界的学者参与，共持续了两年多时间，成为 20 世纪末中国重要的文化事件。

对于这起文化事件现在已盖棺定论：1980 年代位居"启蒙导师"位置的知识分子在经济迅速发展、结构剧烈转型的 1990 年代初迅速被挤向边缘，他们对市场经济产生的负效应，如价值规律渗透文化领域，百姓情趣左右文化走向，文化的世俗化、大众化，高雅文化和朴素的民间文化被侵蚀等现象产生强烈的忧思，并大力进行抨击，表现出知识分子对 90 年代市场经济初创时期的负效应缺乏心理准备和应对，对与市场经济相匹配的现代观念、现代意识的萌生认识不足。总之，这场讨论反映了思想文化界对 20 世纪 90 年代中国人文现状的基本感受和初步分析。虽然当时这是一场局限于学术界的文化运动，但是在结束后反而越来越显出其价值，由于媒介对人文关怀话语的反复引用和传布，使得这场局限于思想文化界的讨论在社会生活中获得"新生"，人文主义开始从相当专业的思想史术语开始向大众话语转化，"人文景观""人文传统""人文精神""人文关怀"等话语在日常生活中早已司空见惯。从 90 年代后期直到今天，关于"人文精神"的话题依然被继续关注与讨论着，它激起了整个社会的反思，让更多的人开始对自我、对社会有更为理性的思考和批判。

四、对新时期中国人文主义思潮的评价

新时期的人文主义思潮是在国家进行政治、经济体制改革，社会进入转型期的背景下发生的，首先它关注和探讨的是转型期中国文化的发展和建设问题。其次它又是一场持续的思想解放运动，它密切配合着中国的改革，是改革的思想先锋，也是中国社会变革的产物，又推动着社会变革的发展。新时期的人文思潮在中国初步建立起了人文精神，第一，改变了政治高于一切的观念，认识到人在社会生活中的价值，确立了人在社会中的主体性地位，这一点对于中国的政治、经济体制改革有着价值定位和导向性作用；第二，促进了理性精神的回归，国民逐步摆脱愚昧无知的精神状态，以求真务实、怀疑批判等精神推动着改革开放，推动着国家与社会的发展与进步；第三，促进了民主观念的回归，认识到了在不健全的政治体制中，人的价值是无法实现的，必须以民主、法治的政治体制来实现、发展人的价值，民主因此成为政府和民众的共同追求。

然而，人文主义是有历史性的，综观人文主义在中国新时期的复活与发展，可以发现，人文主义的传播是一个本土化的过程，迄今为止，许多聚集地已经形成了西方人文精神、中国传统文化、马克思主义三者杂糅在一起的"有中国特色的"人文主义，这种人文主义在现实中表现出来的缺陷也是相当明显的。第一，在人的主体性地位上，一方面强调人的价值，另一方面则强调集体的人而相对忽视个体的人，要求个体的人服从国家和社会，不能正确理解和处理个人和集体的相互关系，所以我们在现实生活中常常看到公权侵犯私权的事情屡有发生，导致官民对立。第二，在理性精神的建设与传播中，有意识地设立禁区，传统思维方式中的只准歌颂不准批评的观念仍然大范围存在，阻碍着理性精神的进步和发展。第三，在民主政治的建设中，观念上仍然强调民主的阶级性而忽视甚至排斥民主的价值，致使中国的政治体制改革落后于经济发

展的要求。

综上，我们可以将新时期以来的人文主义定位为发展中的人文主义，与历史相比较，我们已经取得了巨大的进步，但缺陷与不足依然是很明显的，这与中国现阶段的发展特征相适应。可以预见，随着中国政治、经济、文化的发展，人文精神也必将得到进一步的提升。

第三节　人文主义思想与新时期中国新闻传播的相互影响

一、人文主义思想对新时期中国新闻传播的影响

1. 人文思潮为新闻改革提供了文化心理基础

人文思潮的发生是当时国内政治、经济、文化突出矛盾的反映，也是当时社会心理的表现。从 1950 年代开始的历次政治运动到"文革"，"左倾"路线发展到极端，中国社会几乎被推向绝境，主要体现为政治领域内的压制，社会生活领域里的极端道德主义和禁欲主义。在这个背景下，人们对民主、自由、进步、人道主义的渴求，构成了新时期人文主义思潮发生、发展的社会心理基础。

社会思潮是社会意识的一种综合表现形式，思想体系形成后，在一定阶层的人群中得到较为广泛的传播，并趋同、演变为思想运动，一旦其得到社会主要阶层的共鸣与支持，就能够对社会的经济、政治生活产生导向作用，引起社会观念的震荡和变革，从而为其他文化现象的发生提供文化心理上的准备。人文思潮使全国人民的思想意识发生了极大的改变，人们冲破了"文革"时期遗留下的盲目崇拜以及两个"凡是"的禁锢，开始摆脱精神枷锁，重视个体的权利和要求，重视个体的主动性和创造性，总而言之，是要解放人的自我，确立人的主体性。这一变化正是从"文革"后期涌动的思想解放带来的个性启蒙、民主启蒙的直接成

果，这种启蒙是新闻变革的文化心理基础。在这个基础上，新闻界开始重新认识新闻的属性、新闻价值、媒介的功能，新闻界开始正本清源，重新树立新闻的独立地位和尊严。

在社会面临重大转轨时期，那些思想敏锐的思想家和代表人物在这些普遍的社会心理倾向和零星的观念基础上，不断深入地采集、挖掘这些思想素材，对之进行加工、论证和充实，从而使社会心理由潜藏的转变为明朗的，由感性的转换为理性的，由零散的升华为系统的，最终形成理论体系，主导着社会思潮的发展方向。新时期的人文思潮首先在知识界生成，并由知识界推动，经由媒体的广泛传播，逐渐进入社会生活领域。在这个过程中，新闻传播者既是受到人文思潮感召的普通社会成员，又是亲身参与这一历史过程的知识分子。在 80 年代的人文思潮中，新闻传播者充当了"启蒙者"的角色，无论是 80 年代初的"拨乱反正""思想解放"运动，还是 80 年代中后期的"新启蒙运动"，新闻工作者都是热情的参与者和解释者。在 80 年代的新闻工作者身上，我们可以看到那个时代知识分子的特点：一是单纯明朗的理想主义；二是不屈不挠参与政治的热情；三是对知识分子身份的空前自觉。① 在人文思潮的影响下，新闻工作者主体文化意识开始觉醒，他们热情参与政治的激情和深沉的"人民意识"成为新闻史上值得书写的篇章。

2. 人文精神为新闻改革指明了发展方向

在人文思潮的发生、发展过程中，新闻也借此实现了变革，迈进了一个崭新的时代。到 1992 年，党的"十四大"召开并正式确认建立社会主义市场经济体制之后，传媒开始走向市场，进入激烈的市场竞争，直接面对受众和广告商。这一体制的建立在观念和实践层面都对传媒业的发展产生了很大的影响。在这个过程中，一个新的问题摆在了新闻人的

① 许明：《当代中国的文化发展》，中国大百科全书出版社 2008 年版，第 75 页。

面前：新闻变革的方向在哪里？在革命年代，政治是新闻的指导思想和发展方向；在经济为中心的新时期，经济是否将成为新的指导思想和发展方向？显然，如若将经济需要作为新闻的发展方向，就有重蹈政治方向覆辙的危险，因为经济和政治一样，都只是人类生活的一个方面。对此，人文主义精神为新闻改革指明了方向，"新时期新闻改革充分体现出对普通民众的关爱和尊重。在社会转型期的剧烈变化中，伴随经济发展、公共秩序、人际交往、生活观念、文化心理的变化，在中国的新闻媒体上出现了人文关怀潮流"。[①]这个潮流的出现和形成，是新闻适应新时代人文精神的产物。

在另一个层面上，人文精神为新闻改革规定了基本范畴。一个民族在一定的时代所接收的社会思潮，常常反映了该民族的思想和理论水平。社会思潮在产生后，会作用于社会生活的各个方面，如各种意识形态、社会的伦理道德、民间风俗、民族的心理与情感、传统的文化与文明、文化的交流乃至社会的发展趋向等。在这个意义上，人文精神和新闻传播是指导性的文化思想与具体文化建设的关系。在人文精神的指引下，媒体作为传播人文主义价值观的工具而得到广泛运用和迅猛发展。1990年代以来，频繁出现于新闻文本中的"权利""尊严""合法权益"等这些字眼向我们昭示，90年代进入大众新闻传播之中的"人文关怀"，空前关注社会中每个人的生存状态，倡导社会公平与平等，维护和尊重每一个人的权利和尊严，体现出新闻观念的大转变。新闻传媒作为最广泛的文化载体，传播人文主义价值观，成为文化建设事业的一个重要阵地，在人文层面上为社会的进步和发展发挥着重要的作用。

21世纪以来，人文主义思想被主流意识形态不断吸收，形成了中国语境中的人文主义，为21世纪的新闻改革规定了基本范畴和方向。2008年6月20日，胡锦涛同志在视察《人民日报》时指出："坚持以人

---

① 童兵、林溪声：《"五四"精神与新时期新闻改革》，《现代传播》2009年第3期。

为本，是做好新闻传播工作的根本要求。"正式把以人为本作为党的新闻宣传、新闻传播的理论观念和实践活动的标准，这是以人为本的科学发展观在新闻传播中的应用，昭示中国新闻宣传、新闻传播的职业道德核心是以人为本。离开了以人为本，新闻宣传、新闻传播就失去了存在的根据。基于此，我们一切新闻传播活动都应以人为本，着眼于人，并最终作用于人。

3. 人文思潮促进了中国新闻观念的转变

新闻作为一个局部性的社会文化现象，必定是受社会整体性文化的影响和制约的。新时期以来，人文主义成为中国整体性的文化潮流，对新闻的影响是全方位的，新闻使命、新闻价值观、新闻受众观、新闻功能观等新闻理论、新闻实务方面都发生了根本性的转变。

在新闻观念的变革中，根本性的变革是将"人"放到了至高无上的地位，这也成为新闻传播价值观念的基础。回顾新时期新闻传播的发展历史，可以看出有一股不断凸显人和关注人的趋势在逐渐明晰，概括来说就是一种"以人为本"的新闻观念，是"人的主体性"的确立在新闻传播中的体现。这在新闻的受众观中得到了最明显的体现。自从王中在1950年代提出"读者需要论"被歪曲成"迎合资产阶级趣味""反对报纸的指导性和党的领导"后，受众始终是新闻传播中遭到漠视的对象。随着新时期新闻改革的推进，80年代开始提出"重视读者需要"的口号，由于传播学的引进，"受众"观念也逐渐形成，但80年代还是停留在从形式上对受众需求的重视，比如提倡新闻的可读性，增加互动性的版面和节目等措施；到了90年代，受众又多了经济层面的含义，同时，一个更重要的表征是传、受关系走向平等，这是对"受众本位"尊重的体现，新闻开始贴近生活、贴近受众；90年代至今，受众观念的发展更趋向以人为本，将受众作为社会的独立个体和权利主体，这一转变也逻辑地包含着新闻传播的人文关怀精神，是一种从人出发又回归到人的价值体现。

受众观的转变，直接带动了整个新闻实践的变革。"人"成为新闻实践的核心，媒体把目光投向社会中的普通人以及社会下层的弱势群体，关心他们的生存状态和利益诉求。受众成为新闻传播的出发点和归宿。尽管是实施"受众为本"的方针，传播者及所有人还是要获得足够的回报，传播活动既已投入，必图报偿，但实施这一方针同前面的"传媒为本"方针还是有所不同。"受众为本"必须充分尊重人，深入了解人的需求，尽最大努力去满足人的种种需求。这里，必须体现出鲜明的人文精神，体现出人文的存在和人文精神的力量。①

除了受众观的变化，媒体对新闻传播功能、新闻价值、新闻属性和使命的看法也发生了根本变化，变化的总体趋势是对"人"的尊重和重视，这种变化是政治、经济整体变革下思想文化领域的变革在新闻传播中的表现。

4. 人文精神为新闻传播提供了价值评判标准

作为社会大系统中的一个分系统，新闻传播的发展首先受到整个社会发展的影响。新闻传播所发生的变化是对社会发展变化的必然反映，新闻的变革和政治、经济发展是同步的，也是适应其要求而进行的，政治、经济改革是新闻变革的硬性推动力量，而人文精神解决了新时期以来新闻发展的方向问题。在革命年代，"政治需要高于一切"是新闻的价值观，也成为评判新闻价值的唯一标准，新闻因此萎缩成为政治的附庸。进入新时期以后，政治价值观被否定，新闻如何建立一个新的符合时代特征和未来发展趋势的价值观？作为一种社会文化，新闻价值观的提炼与形成只能在主流文化中去寻找，使之切合时代特征。在当下的中国，各种文化观念并存，而人文主义作为主流文化为新闻传播提供了正确的价值方向，人文精神成为新闻的内核，并成为矫正新闻发展的坐标，避免了新闻由"以政治为纲"畸形地演变为"以经济为纲"，它也为

---

① 童兵：《新闻科学：观察与思考》，复旦大学出版社 2004 年版，第 81 页。

新闻传播提供了价值评判标准。

1990 年代，人文精神是作为一种批判性话语出场的，在许多学者通过新闻媒体痛陈当代社会人文精神匮乏、呼吁重建人文精神之时，新闻媒体所表现出来的人文精神的缺位现象也引起了新闻业内人士及社会各界的广泛关注，甚至有人断言在中国的文化滑坡中，大众传媒负有不可推卸的责任：鼓励和宣扬物质主义、拜金主义，淡化对精神和灵魂等人类生存的终极关怀，使社会价值观念沦为物欲主宰的功利话语。联系 1993 年左右新闻界对新闻的商品属性和社会责任的讨论、对"有偿新闻"现象的批评，我们不难发现由市场经济所派生的"金钱拜物教"对新闻观念的冲击是巨大的，也正是从这个时期开始，社会责任与追逐经济利益的博弈成为 90 年代以后新闻观念变迁的主线之一。

新闻媒体开始反思拜金主义思潮对大众媒体以往的价值体系和道德规范的猛烈冲击时，人文精神也成为新闻媒体的价值取向。作为一种建立在社会责任意识之上的价值追求，人文精神为评判新闻的良莠提供了标准，具有重大的文化意义：它致力于推动现代化的进程，又对现代化进程中出现的物欲横流现象保持着清醒的批判意识；它在被世俗化商业大潮捉弄得顾此失彼时，却为社会的进步，为政治、经济、文化事业的协调、健康发展，起着不可或缺的作用。

二、新闻媒介是人文主义思想扩散和传播的载体

在人文思潮的发生和发展过程中，新闻媒介也成为人文思潮扩散和传播的载体。20 世纪 70 年代末 80 年代初，中国的新闻传媒在推动社会思想的解放方面，成为最重要的力量，当时，媒体成为批判"文革"中横行的个人意志的非理性专断，和反思十年动乱中社会悲剧的教训及根源的主要阵地。1980 年，《光明日报》的《划破夜幕的陨星》控诉和揭露了"四人帮"残害干部的恶行；同年，《人民日报》和《工人日报》报道"潮海二号"石油钻井队特大事故，揭露了官僚主义对社会主义建设的危害；1981 年，新华社的长篇通讯《历史的审判》明确阐述了"文革"必须彻

底否定的政治观点；而思想解放最重要的标志性文献也发表于 1978 年的《光明日报》，正是在媒体的参与下，思想解放的闸口才得以打开。

随着思想解放运动的深入，党内理论家之间展开的"人道主义"论争成为人文思潮滥觞的标志，这次论争集中反映了当时主流意识形态内部的分歧，论争的双方也将媒体视为传播观点的载体，"人道主义""人性论"等经由媒体的扩散而成为社会话题，使人文思想为大众所了解。1980 年代中后期，人文思潮进入新阶段，"新启蒙"运动将"人道主义"论争所开启的讨论推向深层，新闻媒体也成为"新启蒙"运动的阵地，记者通过他们的新闻报道启蒙民众，把现代化、民主、改革、理性、自由等人文话语引入民众的视野。经过媒体的传播，这些话题及价值逐渐成为一种社会共识，在推动中国向现代商品经济和现代民主政治跨越的道路上发挥了积极的作用。80 年代后期，尽管由于一些媒体在政治上的激进主义导致人文思想传播上的偏向，但客观上媒体却也推动了民主和自由观念在更广泛的层面传播。90 年代以来，社会思潮不再像 80 年代时形成风起云涌的态势，但人文思想却逐渐沉淀下来，新闻媒体不再以社会启蒙者和民众教育者的身份来传播人文思想，而代之以具体的新闻报道来推动社会向更加人性化、理性化和民主的方向前行。

在中国新闻史上，传媒一直是推动思想文化发展的重要力量，自 20 世纪初，许多先进的观念和思想都是通过传媒得以传播的，而新时期人文主义思想的传播同样得益于传媒的作用，没有新闻传媒，人文思想的传播将无法实现。

第二章　人性意识与中国新时期新闻传播

　　人性是人文主义的逻辑起点，人文主义是从人性中生发出来的，体现着人的本质的精神倾向，发端于新时期初始的思想解放运动和政治解放运动同时也是人性解放运动，"思想解放的话题千头万绪，归根结底，就是一句话：人的解放、人性的复归"。① 人性地位的确立和回归意味着人本位思想的确立，其实质就是解决人在国家政治、经济、文化、社会生活中的地位问题，结论则是：人是主体和核心。这个成果的确立及其过程，对人性意识在新闻传播中的回归起到了重要的指引作用。"回首新闻改革 30 年，新闻报道最深刻的变化莫过于对人的尊重，对人的生命价值和生命意义的关注。"②新闻报道的变化也反映了新时期以来新闻观念的变化，这些变化在促使新闻传播自身发展的同时也丰富和拓宽了其内涵。

第一节　人性意识与新闻传播

一、人性的内涵

　　所谓人性，简单来说，就是人区别于动物的特性。一般来讲，人性是由生理因素、心理因素和社会因素构成的，因而，生理属性、心理属

---

① 樊星：《世纪末文化思潮史》，湖北教育出版社 1999 年版，第 68 页。
② 童兵、林溪声：《"五四"精神与新时期新闻改革》，《现代传播》2009 年第 3 期。

性和社会属性构成人性的共同属性。生理属性也是人的自然属性，它是人性结构中的第一层级的内容，比如食欲、性欲和安全欲就属于生理属性。生理属性表明人来自自然并脱胎于动物，不管社会文化如何熏染，人还是具有自然的属性。虽然自然属性是人与动物都具有的，但人毕竟与动物不同。因为人不仅是自然界长期进化和发展的产物，也是社会的产物，所以人的自然属性要与人的社会属性结合，并从属于人的社会属性。由于社会属性的影响和作用，人们在人类的共生关系中产生相互依存性、人际关系中的相互交往性和伦理关系中的道德性。因此，人不仅属于自然也属于社会，生理属性或自然属性是人固有的，而社会属性同样是人性的重要方面。此外，人还是具有自我意识的存在，因此人的意识属性或精神属性也是人性的重要方面。人的精神属性使人在本质上区别于动物，也区别于本能的人，成为具有自觉意识的人。无论是个体的人或者是整个人类，其形成的标志都是能够通过意识把自己和活动对象分开，使自己的活动变成能够被意识到的对象。由于意识属性的存在和参与，人的前两种属性即自然属性和社会属性成为人区别于动物的特性，因为意识和思维在人与自然、人与社会的关系中发挥着重要的作用。马斯洛指出："精神生命是人的本质的一部分，从而，它是确定人的本性的特征，没有这一部分，人的本性就不完满。"①

　　人性要通过人的有目的的活动表现出来，人性首先表现为需要，而需要可以产生人的能力，最终与人的能力一起形成人的自觉的活动，由人的活动创造出满足人的需要的人化世界。"需要从主观方面看，表现为人的意向、愿望、动机和要求；从客观方面看，它是人内在的本质的规定性，是人的全部活动的动力和根据。"②总而言之，需要会以动机和潜能的形式反映出来，人性也由此得以体现。马克思认为人的需要具

---

①　[美]马斯洛等著：《人的潜能和价值》，华夏出版社1987年版，第223~224页。

②　刘全复、何祚榕：《马克思主义人性理论的系统探索》，《学术月刊》1987年第3期。

有三个层次，美国心理学家马斯洛则把人的需要分为七个不同的层级。人在不断追求自我需要的满足时，人的价值也不断得到彰显，同时，人也全面拥有了自己的本性。

二、尊重人性是新闻活动的基础

人性在中国新闻理论史上曾经是一个极其隐讳、敏感的话题，这是长期意识形态斗争理论占据统治地位的必然结果，过分强调新闻的政治性、阶级性以及指导性、宣传性、斗争性，把新闻媒介作为凝聚人心、鼓舞民气的宣传工具或宣传武器，而忽视了新闻传播的其他属性与功能。新闻与人性是什么关系？这个问题不仅涉及实际新闻操作的内容，而且还决定了新闻的价值取向。

新闻活动是人的活动，"是人类社会求生存图发展的需要，人类的生存发展不仅需要了解客观世界的变动，也必须了解人类社会的变动，新闻活动正是基于这种了解的需要而产生、发展的。从原始社会到奴隶社会，从封建社会到资本主义社会再到社会主义社会，莫不如此"。① 由此，可以看出：第一，新闻活动基于人的活动而产生；第二，新闻活动基于人的需要而存在。也就是说，人是新闻的核心，新闻必须为人服务，脱离了人，新闻活动也就没有存在的意义了。同时，人的活动、人的需要都是多方面的，对人的活动和需求不同方面的强调造就了不同的新闻观念。

现以我们奉为圭臬的新闻必须为政治服务的观念来加以说明。政治活动是人的活动，是基于人的生存、发展需要而产生、存在的。根据马克思主义原理，人是社会属性的，政治活动则是人的社会属性的一种体现，因此政治活动必然是人类活动的一个极其重要的方面。毫无疑问，新闻必须对这个方面予以报道、宣传，因此，我们应该承认，新闻本身就具有一定的政治属性。但是，如果将这个观念推至极致，并且确立为

---

① 李良荣：《新闻学导论》，高等教育出版社 2003 年版，第 7～11 页。

新闻的基本观念，我们看到的现象就是：第一，新闻机构成为国家机器的一部分，成为一种统治工具；第二，新闻脱离人的色彩，弥漫着浓厚的意识形态气息；第三，新闻唯一的作用就是政治宣传、政治教化，为政治推波助澜。于是新闻沦为政治的奴隶，没有任何的独立性，只是政治的应声虫，最典型的就是那个核心的理论观点：新闻是阶级斗争的工具。这种报道方式秉持着政治高于一切的新闻观念，从人性的角度来看，它忽视人的自然属性，单一地强调人的社会属性；此外，它强调作为集体的人，否定作为个体的人。人性是人的自然属性和社会属性的统一，生活在社会的人，他首先是作为个体的人，其次才是集体的人。将政治提到至高无上的地位，固然强调了人的社会属性和人的集体性，但却否定了人的自然属性和个体性，它所导致的一个必然结果就是政治生活是人的生活的全部和唯一，于是，把新闻等同于政治宣传，把新闻的政治功能、政治属性单一地凸显出来，而把新闻的其他众多功能与属性都泯灭掉了。

同理，任何单一地强调人的活动的某一方面，都不可能认识到新闻活动产生、发展的前提和基础。假如说在当前这个经济至上的时代，我们将为经济服务作为新闻的基本观念，那么无疑又是重蹈为政治服务的覆辙。无论是政治、经济还是其他，它们不只是人活动的结果，还都是为人服务的，只有认识并坚持这一点，我们才能够准确把握新闻的本质和规律，才不至于本末倒置。当下，既不单一强调政治也不单一强调经济，走"以人为本"的和谐新闻传播之路，已经取得了一致的共识。

三、人文关怀是新闻传播的终极使命

"人文关怀是对人的生存状况的关注、对人的尊严与符合人性的生活条件的肯定和对人类的解放与自由的追求。"①概括地说，人文关怀就

---

① 俞吾金：《人文关怀：马克思哲学的另一个维度》，《光明日报》2001 年 2 月 6 日。

是关心人、爱护人，关注人的生存状况、生存价值和命运，尊重人的个性与尊严，强调人的意义、价值，把人作为观察一切事物的中心的价值取向。

新闻以人文关怀为己任，这是由新闻产生和存在的意义所决定的。新闻的终极使命是为人服务，"作为精神活动的新闻传播，其根本、动人之处，在于它在传播信息的同时，对生命的尊严、对人的幸福的热切关怀——它把新闻传播的阐释立场坚定地确认为'人是目的'，它把新闻传播的根本价值定格在'以人为本'上"。① 脱离了这一目的，新闻就失去了归宿感，也失去了存在的价值。由此，新闻报道，无论是对自然世界的报道还是对社会事件的报道，都是对人与自然、人与社会以及人与人之间的关系的揭示，是对人类生活、社会意识、问题和现象的反映。这些报道与人的日常生活息息相关，反映的也是人的生存状态，其终极的指向都是人，是以提高、发展人的生存状态为目的的，因此，新闻媒体不仅仅是信息传递者，把每天发生的事如实转述给公众即可，还应是人文关怀的实施者。新闻作为人文关怀的实施者，与其对事实的尊重和传播的客观性并不矛盾，因为，"尽管新闻传播的内在要求对情态信息的表达有所限制，对传播主体的感情流露有所限制，这都是为了传播的公正，而不是为了限制情感的表达"。②

现在，倡导新闻的人文关怀，具有重要的时代意义。在新的社会价值体系的构建过程中，新闻媒体作为最直观、最有力的文化载体，它的重要责任是要建设和引领先进的社会价值观。由于新闻媒体处于社会文化最直接和敏感的前端，因此媒体的传播内容和方式将影响社会的思考方式和观念。如果媒体能够做到对社会群体和个人给予充分的人文关怀，能够关心人的生存现状并关注人的精神世界，在社会上倡导公正、平等的理念，就会对整个社会产生良性影响，成为时代进步的促进者和

---

① 孙德宏：《思想解放：新闻传播必须以人为本》，《新闻与传播研究》2009年第1期。

② 杨保军：《新闻价值论》，中国人民大学出版社2003年版，第320页。

先进文化的引领者。

第二节　人性意识在新时期中国新闻传播中的体现

一、重新认识人性意识在新闻传播中的价值

由于历史和传统的影响，新中国的新闻观念与政治风云、社会变革紧密相连，新闻的社会功能在我国一直得到强调、重视。把传统的新闻观念放到人文主义范畴去考察会显示出其明显的不足。伴随思想解放的潮流，新的时代的开启，人性意识以不可阻挡之势进入社会生活领域，也成为理论界探讨的热点。新时期之初，反对政治异化、呼唤人性复归成为普通老百姓和理论界的最强音。随着人性意识在理论界和社会生活中的回归，在新闻观念中的回归也成为对现实的一种必然反映。新时期之初，新闻传播的人性意识在理论和新闻实践中都在萌芽和成长。无论是对新闻定义的质疑、创新，对新闻价值的重新认识，还是对媒介功能、性质的思考，以及新闻业务方面的改革，实际上都是对将新闻看做意识形态，过分强调新闻媒介阶级属性等错误观点的否定，而这一切都与人性意识在新闻传播观念中的萌发有关。

1. 人情味成为新闻价值要素之一

"改革开放后，我国新闻界实现了从为所谓'资产阶级新闻观点'正名到公开地借鉴西方新闻学观点的历史性转变。"[1]"人情味"成为新闻价值要素之一与 1980 年代初对西方新闻理论的引介不无关系。新闻的人情味或趣味性作为新闻价值评估的要素发端于西方。19 世纪 30 年代，西方进入"大众化"报纸阶段，新闻的趣味性概念应运而生。趣味

---

[1]　何光先：《我国新闻学研究的现状及发展趋势》，《中国新闻年鉴》(1989年)，社会科学文献出版社 1989 年版，第 92 页。

性概念首先要考虑的是吸引读者，增强可读性。在新闻选择方面，首先要选择读者关注和感兴趣的事实加以传播，其次在报道手法上，要注意写得生动、有趣和富有"人情味"，因而约斯特在《新闻学原理》中强调，人情味是个大宝库，从这个宝库中，报纸吸引了广大的读者。

　　由于长期以来过分抬高宣传地位，结果导致新闻中趣味性或人情味的地位降低，新闻可读性差，没什么看头。自新闻改革开始，如何复苏新闻的活力，成为首先要解决的一大问题。1980年代初，国门洞开，人们开始接触到西方的新闻报道和新闻理论，他们发现，无论是新闻报道实践还是新闻理论，新闻的趣味性或人情味都是很重要的因素。"鉴于人情味儿是西方记者和读者比较感兴趣的，书里都辟有专篇阐述人情味在新闻中的作用。我们在不致造成误会和影响新闻人物声誉的情况下，也要尽量增加一些有人情味儿的东西，以此来展现我国人民的精神面貌，拨动读者敏感的心弦，更好地达到我们的宣传目的。"①这段论述带有极强的时代特点，毕竟，对新闻规律和新闻本质的认识才刚刚开始。80年代初曾大力引介西方新闻理论并翻译西方新闻报道的新华社记者黎信在更早的时期就开始关注西方的新闻价值理论，并着重介绍了"人类兴趣/人情味"在新闻价值中的地位，他在翻译麦克·道格尔《解释性报道》中《新闻价值》一章时就涉及"人类兴趣"这个概念："当主编们说，一条稿件具有人类兴趣时，他所指的就是这种人情味，尽管这条稿件不具备新闻价值的其他任何要素如及时性、接近性、显要性和后果，等等。"②

　　在关注和引介西方新闻价值理论时新闻学界也在反思"传统"新闻价值理论的缺失，这其中，他们要重新认识的一个重要新闻价值要素就是"人类兴趣"或"人情味"。长期以来，在新闻价值问题上，受"阶级论"的影响，人情味一直是被排斥的一个要素，在20世纪80年代初关

---

　　①　江船：《角度·细节·人情味——评美联社的一篇人物特稿》，《新闻记者》1984年第7期。

　　②　黎信：《论人类兴趣》，《国际新闻界》1981年第4期。

于新闻价值的讨论中，人们开始把人情味作为价值要素的不可或缺的一环，在当时，这是理论上的进步，而理论上的进步必然会折射到新闻实践操作中。一些媒体在新闻改革的早期迅速做出了反应：1978年，《黑龙江日报》发表署名文章，在为《哈尔滨晚报》辩护时，旗帜鲜明地，自"文革"以后第一次为报刊的地方性、知识性和趣味性正名；1980年，《南方日报》提出了报纸改革意见，将"指导性与知识性、趣味性相结合"作为报纸的改革方针和试图重点解决的问题，尤其指出："前者要进一步加强，后者是薄弱环节，需要努力改进……要努力使它具有共同兴趣，吸引人看。"①在这种表述中，重点显然是"后者"，虽然它必须依附于前者，而"共同兴趣"这个概念，已经相当接近于"人类兴趣"这一西方概念。

1980年代初，新闻界对"人情味"的认识确实从西方新闻理论和报道中得到不少启发。值得注意的是，此时，新闻界还试图从文学中借鉴思维方式和表达手法，以充实报道中的"人情味"。具体来说，新闻要向文学学习哪些具体内容呢？名记者艾丰总结如下：新闻第一要向文学学语言，新闻第二要向文学学表现手法，新闻要向文学学如何勾画人物和景物，新闻记者要向作家学习形象思维，新闻记者要向作家学习把杂乱的素材"编辑"成一个情节和故事的本领（但这是在真实性的前提下）。②

无论是受西方新闻理论和报道的启发还是从文学中借鉴表达手法，最终的目的都是要使新闻报道脱离空洞的政治说教，把读者、听众、观众的兴趣和需要，作为传者选择新闻事实时重要的参照系数。"'人情味'成为价值要素，成为一种选择新闻事实的价值标准，正是体现了客观事物对主体需要的满足。"③这是新闻传播人性意识回归的开端。但是，初始阶段新闻界的改革仍然带有恢复性质，从宣传本位向新闻本位

---

① 《南方日报提出报纸改革意见》，《新闻战线》1981年第2期。
② 艾丰：《新闻写作方法论》，人民日报出版社1993年版，第291~292页。
③ 吴高福：《新闻学原理》，武汉大学出版社1996年版，第196页。

的转变是艰难和缓慢的，80年代初对人情味的提倡更多还是从新闻业务的角度考虑，目的是为了改革新闻报道的政治化、公式化、"八股化"等现状，借以增强新闻的可读性，"见人的角度之所以好，在于它能够引起读者兴趣。见人的报道之所以好，在于它使稿件生动，具有较强的可读性"，① 仅把"人情味"作为增强可读性的一种手段，并没有上升到对主体心理需求的满足和对人性的关怀层面。

2. 普通人成为新闻报道的对象

在新闻史上，人情味新闻的出现是对传统新闻观念的一次革命，它把新闻的报道对象扩展到普通人中间，在写法上要求从人的角度写新闻，突出人的活动、人的作用和人的思想感情，写出人间生活情趣。1980年代，随着人性意识的逐渐觉醒，个体意识的不断复苏，人们慢慢从集体主义的意识惯性中解放出来。在这一背景下，新闻界也走出了"新闻人物便是英雄人物、重要人物"的误区，普通人作为新闻报道的对象成为80年代新闻界的一个重要变化。

打头阵的是80年代兴起的晚报和报纸的"周末版"。1980年2月复刊的《北京晚报》在"复刊词"中宣称："我们的办报方针是：以马列主义、毛泽东思想为指针，面向群众，补日报之不足，为四化服务。"它的副刊版中有几个小栏目如《真人真事》《大杂院里》等都办得生动活泼、丰富多彩，内容以反映百姓生活为主。《北京晚报》曾启发了其他报纸的办报思路，如1983年元旦复刊的《成都晚报》总编提到："《北京晚报》的人物专访为广大读者所称道，值得学习。"②《成都晚报》复刊后，将报道普通人作为重要方针，"一年内发表人物专访二百四十九篇，平均每三天刊出两篇。专访的对象，遍及各行各业，大多数是默默无闻的普通劳动者，埋头苦干不为人知晓的知识分子"。③ 1984年1月，作为

---

① 黎信：《见人的角度与见人的报道》，《新闻战线》1987年第11期。
② 凯兵：《为"凡人小事"立传》，《新闻记者》1984年第2期。
③ 凯兵：《为"凡人小事"立传》，《新闻记者》1984年第2期。

《南方日报》补充的《南方周末》正式创刊，初创时定位为"报道文化生活为主"的娱乐性休闲型周刊。两年后，《南方周末》通过内部的讨论与读者、作者座谈，许多读者对报纸的主打新闻产品提出了批评和新的期待，其中提出了包括"专访的题材还比较狭窄，写影视歌星的专访比较多，群众关心的社会问题的采访少"的意见，建议"重视专访的新闻性，从重大的新闻背后去找题材，要回答群众普遍关心的问题……不要忽略反映普通人的生活……要提高报纸的思想性和指导性"。① 这是《南方周末》第一次提出"普通人"题材这个命题，并开设了相应的专栏。晚报和报纸"周末版"主要以普通市民为读者对象，在报道取向上不注重传统的政治新闻而偏向趣味性的软新闻，因此对普通人题材的重视是这些报纸的必然选择。同时，值得注意的是一些国家级党报也推出了专门报道普通人的专栏，比如 1984 年 9 月 8 日《人民日报》一版开设《凡人新事》专栏。所谓《凡人新事》，顾名思义，就是"平凡的人，新鲜的事"。设置该专栏，就是要在要闻版上给平民百姓留下一小块新闻园地，提高新闻的可读性，更好发挥报纸的宣传效用。②

同时，新闻界也开始把普通人作为新闻报道的对象，以反映改革开放以来现实生活中的新气象和新进步。在历届的全国好新闻评比中，都有一些此类新闻报道。比如，1979 年好新闻一等奖作品：《"光棍堂"引来四只"金凤凰"》(《天津日报》)；1980 年好新闻通讯类受奖作品：《会计伢嫌我的油壶小》(《湖北日报》)、《等一等炊事员》(《解放军报》)、《一个农民养猪专家的故事》(《光明日报》)；1981 年好新闻获奖通讯：《三舅还账》《买缸记》；1982 年好新闻获奖消息《十五斤牛肉干成了难题》(《新民晚报》)、获奖通讯《冒富大叔——一位普通社员的风格》(《中国农民报》)、获奖广播新闻《蒋绪章老汉卖菜》(湖北黄石电台)；1983 年获奖通讯《妈妈教我放鸭子——记全国"三八"红旗手、湖北沔阳

---

① 《研究如何开展"专访"征文评奖活动　本报编辑部召开座谈会》，《南方周末》1986 年 4 月 5 日头版。

② 沈兴耕：《为普通劳动者讴歌》，《新闻业务》1985 年第 4 期。

县彭场公社陈惠容的谈话》(《人民日报》),《杨善卿坚持十年办露天英语班》(《光明日报》)等。

这些新闻都是选取现实生活中的小人物,他们不再是"传统"人物报道中的"高大全"形象,主要是因为人物能够代表党的政策的某个方向,或与典型事实相联系,因而成为新闻人物。这些新闻报道虽然以普通人及其生活为视角和切入点,但往往有着鲜明的宣传目的,如《蒋绪章老汉卖菜》是写老农蒋绪章宁可把菜低价卖给国家,也不高价卖给个人的故事;《一个农民养猪专家的故事》则通过主人公将一个亏损 11 年的猪场改变为赢利大户的故事来歌颂党的十一届三中全会的正确决策;《会计伢嫌我的油壶小》通过生产队里分菜油这件小事来表现实行责任制前后农村的变化;《"光棍堂"引来四只"金凤凰"》讲的是地主家庭出身的社员马文志被落实政策后,他的四个打光棍的儿子先后找上对象。从这些新闻报道中,我们可以发现,人性意识沉睡于记者的新闻思维中,宣教意识依然占据上风和主导地位。不难理解,基于历史上党对媒体的"喉舌"功能的定位,党和政府要求新闻传播配合中心工作,宣传其方针、路线、政策,或通过具体人物"表扬先进、批评落后",以训诫并引导群众已经成为一种历史传统,以至成为新闻传播者长期以来的"集体无意识"。

但无论如何,这一时期的新闻报道与"传统"的宣传报道相比,已有很大进步。媒体实际上已开始走出单一的"政治教科书"的角色,注重反映丰富的社会生活和人民的思想感情。也是从这一个时期开始,记者主体意识开始觉醒,西方新闻理论和新闻报道也被大量引进,记者们渐渐意识到"人,才是新闻的理由",因此,淡化宣传意识和官方意识,从人的生存和人的情感体验方面对事实作评判的倾向逐渐显露。1980年代中期以来,新闻传播在新闻改革的引领下,渐渐"透视出更加注重传播中人的色彩,更加注重自己作为人的传播者的角色,我国大众传媒已开始大规模、大踏步地走向大众,进入'寻常百姓家'"。①

---

①　黄旦:《80 年代以来我大众传媒的基本走向》,《杭州大学学报》1995 年 9 月。

3. 典型人物报道中人性意识的回归

之所以选择典型人物报道来考察 1980 年代新闻传播中人性意识的状况，是因为它是一种具有政治宣传目的的新闻报道模式，比较集中地代表着中国新闻实践的思维方式和历史传统，可以作为观察新时期新闻传播人性意识回归的切入口。

新中国成立后相当长一段时期内，典型人物被当做重要的政治资源和宣传手段，支撑典型人物报道观念的是要求党政权力支配社会的政治意识，典型人物的脸谱化、政治化成为常态；新时期，典型人物报道的重要作用是提供示范性的价值观念和价值系统，以增强社会凝聚力，并影响和教育群众。因此，人物往往被塑造成完美无缺的道德楷模，成为某种抽象原则的载体；其事件经记者筛选和整合后，具有明确的主题，指向具体的观念或精神，而其普通人所具有的人性被完全遮蔽。新时期以来，针对典型人物报道的批评和质疑比较多。"首先，'为尊者讳'常使先进人物有拔高之嫌，以致常使先进人物成为'不食人间烟火'的神，完全丧失真实性。其次，使'人皆可为尧舜'成为一句空话，用读者的话来说就是先进人物'可钦，可佩，但不可学'。最后，拔高了的先进人物往往成为先进人物的负担，使他们失去许多正常、正当的要求和自由，容易造成先进人物的'个性压抑'，久而久之对榜样的示范作用带来消极影响。"①

从 80 年代开始，一系列要求把典型人物从神坛上扶下来的呼吁不断出现。对这个问题较早做出深刻思考的是 1980 年的长篇通讯《朱伯儒》，它使原有的典型人物报道模式走了样，写出了现实社会对典型人物的压力。同时，中国新闻界的典型人物报道有许多创新之处，尤其是人们的"典型观"发生了重大变化，其中比较重要的方面就是破除典型

---

① 黎明洁：《略论传统文化对新闻报道的影响》，《广西大学学报》1997 年第1 期。

人物必须十全十美的观念，抽象地绝对地把神圣化、英雄化的价值观念强加在典型人物身上，对人的个体自我价值、人性的需要给予了更多的展示和肯定，由此，典型人物开始向人性化的楷模过渡。

1983 年获得好新闻奖的通讯——《中国青年报》记者郭梅尼的《生命的支柱——张海迪之歌》塑造了一位身残志坚、自强不息的青年楷模，并第一次真实地披露了张海迪想自杀的往事，展示了人性更加真实的内涵，突破了当时通行的"高、大、全"的人物通讯模式，在众多关于张海迪的报道中脱颖而出。在谈到创作体会时，郭梅尼这样说："和张海迪长谈之前，我先听了她的报告录音。最使我感动的，是自杀这一段。我想为什么在山东作报告时她讲了这段经历，而一些作者却没写这一段呢？可能是认为一个先进人物有这样的经历不光彩吧。对这个问题到底应该怎样看。我认为，在现实生活中，人都是有优点也有缺点的。我们写了先进人物的缺点，并不等于这个人就不先进了，相反，如果处理得好，更能增加她真实可信的程度。"①在当时众多关于张海迪的新闻报道中，由于郭梅尼没有回避典型人物"不光彩"的一面，采用了一种更加客观、理性和平实的态度进行报道和写作，这篇报道后来被认为是典型人物报道从"造神"到"写人"转变的关键点。

1982 年 11 月 4 日，《中国青年报》在头版刊登了一篇先进人物报道：《镶玻璃的小伙——记大连市劳动模范、青年个体经营者辛福强》。主人公辛福强虽然是个体户，但他身上的"雷锋精神"却非常鲜明，对五保户、困难户实行减、免、缓收费，远道给人去镶玻璃，客户若多付钱，他坚决不要。出席辽宁省的劳模大会时，他是唯一穿着黄色军大衣和打了补丁的大头鞋的人。1985 年，他因胃癌去世，年仅 20 多岁。同年 6 月 5 日，《中国青年报》为他续写报道《跃上人生新高度》，行文仍然是典型人物报道模式："他将自我的一滴水融入了社会主义事业的大

---

① 郭梅尼：《努力刻画活生生的先进人物形象——采写张海迪的几点体会》，《新闻记者》1983 年第 3 期。

海中，奉献出全心全意为人民服务的平凡的劳动。他就是这样不断地跃上人生的新高度，活在千百万社会主义劳动者的心中。"1986年11月15日，《中国青年报》再在头版刊登《福强玻璃店的新主人》，同是个体户，辛福强的妹妹辛立荣与他完全是两种类型的人，"在对待顾客上，辛福强讲奉献，而辛立荣讲做买卖就是为了挣钱，但不能挣昧心钱，要公平、等价。……在采访辛立荣的过程中，我曾问她：'你现在已挣了六七千块钱，你打算怎么用它？'她回答说：'我哥哥临死前嘱咐要还他的医药费。'我说：'那笔费用，国家不是给你们报销了吗？'她说：'既然我们已答应哥哥，我们就要做。'听了她的话，我当时很激动。本来我想把这一段修饰为'个人的事是小，国家的事是大'，可是辛立荣却说：'我们已经答应哥哥了，中国人是讲良心的，答应了就得办。'我按原来的意思把这话写在了文章中，并得到了编辑的理解。我觉得这才是我们现实生活中真正的青年，真正的语言，它比修饰、挖掘强得多"。记者的表述显示出自己已自觉地放弃代言人身份的立场，对"非主流价值观"也给了很强的包容度，对人的个体价值、个人的发展需要给予了肯定。

随着改革开放和思想解放的深入，社会一元化的局面被打破，社会价值取向和人们的价值观呈现出复杂化和多样化的态势，社会发展的实际情况不再允许记者仍然用一种立场、一种价值观去评判多元的现实，而且这种方法也无法契合日益多元的读者需求。随着人们自我意识和主体意识的觉醒，从1980年代初在青年中开展的人生观和价值观的大讨论中提出"主观为自己，客观为别人"的命题开始，人们对那种完全泯灭个人幸福与发展需要来讲人生观的说教，也开始产生动摇。关于"张华救人的行为值得吗？蒋筑英、罗健夫为什么他们这么年轻就患病去世？"的疑问显示了转型期的人们在以理性和批判的眼光看待典型人物报道。种种因素，使典型人物报道无法回避对真实人性的再现，在新闻实践中，人性意识的抬头多多少少显示出与意识形态本位立场的疏离。

二、人性意识在新闻传播中的确立

1990 年代以来，在思想文化界的人文关怀思潮的影响下，新闻媒体开始反思拜金主义思潮对大众媒体的价值体系和道德规范的猛烈冲击，并试图重构一种建立在社会责任意识之上的价值追求，中国的新闻报道开始体现出更加鲜明的人文关怀意识，"以肯定人是世界的中心，倡导人们尊重人、关怀人、为人的自我价值的实现和人的积极性、主动性和创造性的最大发挥提供一切条件作为新闻报道运作的核心"，① 其实质是以人为本的报道思想和运作，从更深入的意义来讲，此举也意味着以人性为本。人性是历史地生成的，在不同的时代有不同的结构和内涵，"总体来看，是个'人度'上升的趋势，每个时代都有其时代主题、时代任务，时代精神即是这一主题和任务的直接体现，每一时代有其时代的理想，人文精神是这一理想的表现"。② 因此，人文精神在不同的时代有不同的主题，目的是要重新认识人性，呼吁人性的回归，在被摧毁的人性废墟上重建人性的大厦；90 年代则进一步确认人的尊严、价值、权利与符合人性的各种需求，同时树立起抵抗物质主义的精神坐标。

如果说 80 年代新闻传播人性意识的回归还只是停留在较浅的层面，那么进入 90 年代后，新闻传播中的人性意识则进入观念的深层，体现出新闻观念的大转变和飞跃。在新闻实践中，可以发现"突出人性和人情的新闻可以说在 90 年代中后期的新闻作品中呈现遍地开花之势，新闻所展示出来的世界明显已不是只有革命豪情，还注入了眼泪和笑，这多少让人觉得这样的生活更接近真实"。③ 1993 年 5 月，定位为"电视新闻杂志"的《东方时空》开播。同年 10 月 1 日，《东方时空》的子栏目

① 童兵：《新闻科学：观察与思考》，复旦大学出版社 2004 年版，第 80 页。
② 杨岚、张维真：《中国当代人文精神的构建》，人民出版社 2002 年版，第 53 页。
③ 黎明洁：《新闻写作与新闻叙述：视角·主体·结构》，复旦大学出版社 2007 年版，第 228 页。

《生活空间》正式提出"讲述老百姓自己的故事"的口号，创作宗旨是"对每个个体的尊重"，① 这种以尊重个体的存在价值为基本出发点的态度和理念，不仅对观众，而且对当时大多数中国的媒体来说，都是比较独特和前卫的。编辑陈虻反复强调要使传播者的位置从高高在上变为平视，要以平等和真诚的态度去表达对被拍摄的普通人的尊重。而《生活空间》的开创意义正体现在对每一个个体的尊重，这是中国的大众传媒第一次有意识地对平凡又普通的小人物的生命意义与价值进行的关怀与思考，以"老百姓"替代"人民"体现了新闻观念的重大突破。"人民"是一个总体性概念，"个人"在这一概念下是被遮蔽的；"人民"属于政治话语，而"老百姓"则突破了这一话语框架，同时容纳了"个人"。这一话语的转变冲破了新闻传播领域数十年来的政治化"宏大叙事"的框架，将平民百姓首次作为新闻表现的对象，而且其中并不负载任何宣教的功能，正如陈虻所说："不要在生活中寻找你要的东西，而要努力判断生活中到底发生了什么。"②《生活空间》开播两年后，1995 年《中国青年报·冰点》创刊，对普通人的关注始终是该栏目的宗旨，主编李大同说："我反复强调的是要关注人群的命运和生存状态。"③在《冰点》版面，普通百姓的生存状况首次出现在主流的报纸媒体上。过去新闻传播领域所熟稔的那一套语言秩序开始解体，而代之以多角度展现社会生活，发掘其中隐含的社会底蕴。至此，新闻才开始实现了从"人民性"到人性的转变。

如果说《东方时空·生活空间》和《冰点》栏目开创了把普通人作为新闻报道对象的先河，那么《南方周末》的《百姓记事》专版则为普通民众在公共媒体上的表达开辟了通路。自 1998 年 11 月 20 日起，《百姓记事》正式成为专版，通过这个版面，在绝大多数媒体上被遮蔽和始终沉默的普通人找到了倾诉和表达的场所，成为纸质媒体"讲述老百姓自己

---

① 陈虻：《再谈"讲述老百姓自己的故事"》，《电视研究》1997 年第 7 期。
② 陈虻：《再谈"讲述老百姓自己的故事"》，《电视研究》1997 年第 7 期。
③ 李大同：《冰点故事》，广西师范大学出版社 2005 年，第 163 页。

的故事"的绝佳范本。

从《生活空间》《冰点》到《百姓记事》，新闻的视角前所未有地深入中国社会的微观层面，贴近社会中的每一个人，直面人的生存状态，因此能够真实地反映人的生活，真实反映以人为中心的社会现实。由它们引领，一度以来，新闻媒体掀起全国范围内的"平民故事"热，对个体生命与价值的尊重的人文关怀，在各种传媒中得到普遍的体现。这一变化反映的是新闻观念的重大转变，从以媒介和传者为中心向以受众为中心变迁，新闻与受众之间的关系开始走向平等。这是中国的新闻传播在20世纪90年代向大众传媒本质回归的重要特征，既体现出新闻价值观的变迁，也表现为表达形式上对大众接受心理和审美趣味的尊重。观念变迁体现在新闻内容上，表现为记者开始将发现新闻的眼光转向那些社会生活的实体性内容，新闻的镜头开始从"上"往"下"转移，报道的基调则由抽象的"宏大叙事"转向微观的"社会学分析"。这些变化实际上暗含着媒体在价值立场上的变化，过去被遮蔽的"个人主义话语"开始冲破"意识形态话语"设定的条条框框，终于浮现在90年代的新闻传播中。如果说"意识形态话语"体现的是具有高度"集权性"的"一元化报道模式"的特征，那么"个人主义话语"的出场则反映了社会价值观走向多元后新闻的人本特征的彰显。

在20世纪90年代新闻媒体的人文关怀潮流中，中国的新闻传媒真正深入变动中的社会，贴近社会现实和百姓心态，践行"向生活的深度和广度进军"的口号，写就"一本中国百姓的生存史和思想史"，体现出"以人为主体，以人为对象"的思想，和"对于人的关注"的人文精神和人性意识。在报道中，"意识形态话语"中的"人民"被还原为具体的、各不相同的个体，而且是有尊严、有价值、有权利的个体，而人文关怀的最终落脚点，恰恰是个体，而非抽象的群体。因为，"现实的个人是社会历史的出发点，而只有在人的主体性发育成熟之际，在人的个体性从社会网络中独立之际，在抽象理想编织的海市蜃楼消隐之际，现实的个人才可能从历史和思想的泡沫里浮现出来，成为历史哲学和社会哲学的逻辑起点。现实的个人是真实的社会主体，是创造历史的主力，是人化了的人自身，这正是现代人文精神的起点"。① 从这个意义上说，90年代中国的新闻传播真正开始具有现代人文主义和人文精神的内涵，因为个体本位正是现代人文主义的基本价值立场。

三、人性意识在新闻传播中的深化

1. 人性意识成为职业化新闻生产的要素

1990 年代以来，随着中国社会转型的加剧以及文化环境的变化，新闻传播领域出现了人文关怀潮流，以《东方时空》《冰点》为代表的栏目以强烈的人文关怀立场成为典范，也引起了广泛的讨论。但是早在1996 年，就有业界人士对《冰点》的叙事模式进行过反思："'冰点'在作者感情的融入、采写过程以及对人性、人情较深的进入方面都有过人之处，但这些都是向文学迈进，这是我们在接受欢呼时应该十分清醒的。"②主编李大同曾谈到："我们在为历史提供故事和细节方面，真正下了些功夫，尽管从专业标准上挑剔，还有许多令人遗憾之处，本来可以做得更好。"③不得不承认，尽管从新闻文体的角度来说，这些栏目开创了一种新的叙述方式，表达了独特的新闻趣味，体现了传播的人性意识，但人性化、个性化的视角也使得新闻报道带有较强的主观性和偏见，有损新闻的客观性。

2000 年以后，很难再找到类似的引起巨大社会反响的栏目，主要原因是"新闻叙事以实践团体的形式存在，并在发展演变的每一个历史阶段由一个流行的范式所控制和牵引，正是这些范式，标识着采访写作

---

①　杨岚、张维真：《中国当代人文精神的构建》，人民出版社 2002 年版，第41 页。

②　毛浩：《报纸新闻应注重回答 Why 和 How——分析性新闻、冰点新闻和深度报道断想》，《新闻界》1996 年 1 期。

③　李大同：《"冰点"02》，西苑出版社 2002 年版，第 2 页。

的价值系统和技术系统"。① 显然，自1990年代以来，"价值系统"和"技术系统"在发生变化。1990年代新闻生产的职业化过程还远未发展成熟，直觉和经验在新闻采写和报道中占有很大分量，在某种程度上，新闻报道与记者的文风、个性和个人意趣有较大关联。但随着新闻专业主义理念在中国的传入，并与中国传媒的市场化、企业化、产业化实践相结合，新闻职业意识逐渐为中国新闻工作者群体所共享。"我们今天所处的时代，是中国职业新闻人觉醒的时代。从90年代开始，一批市场化媒体发展起来，出现了一批职业新闻人。他们是按照新闻规范来做事情，而不是用以前的那种方式。"②由此，新闻传媒的操作也日益呈现出组织化、职业化特点。对于什么是新闻人的职业化，有研究者这样描述："简单来说，就是用事实说话，而不是从概念出发。要平衡表达不同方面对同一事件的看法，而不是只表述一方面的意见。要尊重受访者，而不是无视他们的权利。是同受众站在同一水平线上，用他喜闻乐见的方式讲故事，而不是居高临下地教育他们。"③职业化对新闻人的要求首先是客观报道，用事实说话，并能够平衡各方意见和看法；其次是平视而不是俯视受众，并采用他们最容易接受的报道方式："讲故事。"其实，在新闻史上，新闻报道的故事化可以追溯到20世纪30年代，其主要目的是为了使宣传的效果更好；80年代初，针对"文革"时期泛政治化的新闻报道，新闻界的新闻改革首先是要增强新闻的可读性，因而故事式新闻报道再次兴起。但彼时对故事化的提倡和运用还是被作为增强新闻传播的宣教功能的手法之一，并未成为职业习惯，更不可能内化为新闻传播者的人性意识。

---

① 林溪声：《故事化、模糊化、民本化：1990年代以来新闻叙事的范式转换》，《中国地质大学学报》2009年第3期。
② 熊蕾：《坦诚赢得认同——职业新闻人看中国新闻界变化》，《对外传播》2008年11月。
③ 熊蕾：《坦诚赢得认同——职业新闻人看中国新闻界变化》，《对外传播》2008年11月。

随着 90 年代新闻生产职业化的起步，到 2000 年后职业化的发展，以及市场化的渗透，故事化新闻成为惯性选择，也成为对记者的一种要求。一些以做"硬新闻"而著称的栏目也非常重视故事化手法的应用，比如 1996 年开播的《新闻调查》，许多报道的成功与使用故事化手法不无关系，到 2003 年时，当时的新闻评论部副主任梁建增将节目的特点概括为"主题事件化，事件故事化，故事人物化"。① "现在，'讲故事'已经成为国内记者的口头禅，他们对西方媒体的报道技巧大致心中有数，如多用动词少用形容词、开好头又结好尾、运用华尔街日报体'等。"② 《三联生活周刊》的主编朱伟在谈到理想中的"周刊叙述"时，认为"应是从事件的细节出发，在新闻叙述中加入个人化，变成有血有肉有色彩的叙述，而不是报纸通行的新闻体"。③ 这种叙事策略和操作手法是媒介激烈竞争的结果，要应对生存与发展的考验，媒体必须不断地研究市场，适应受众需求，不断地改进报道方式，由此形成一种最受市场欢迎的新闻叙事方式。

所谓故事，简单说就是在某个环境下某个或某些人发生了些什么。故事由人生成，围绕人展开，否则事就没有意义，因此，故事化从表面看是一种叙事方法和受众策略，但更深层面体现的是一种人性意识，故事首先是关于人、体现人，其次要吸引人、打动人，既要有人性、人情的关注和表达，又要体现出记者深层的价值立场、人文关怀。操作方法背后起决定作用的是价值观念。

2. 人性意识成为新闻价值观念的基础

观念是人们对事物的认识和看法。因此，观念反映着人们的某种世

① 张洁、吴征编著：《调查〈新闻调查〉》，文化艺术出版社 2006 年版，第 22 页。

② 张志安：《给我讲个故事，让它有趣一点——〈华尔街日报〉的特稿写作技巧》，《新闻记者》2006 年 10 月。

③ 胡春秀：《细节叙述：〈三联生活周刊〉的一种叙事风格建构》，《新闻界》2009 年第 2 期。

界观和价值观，是人们的思想倾向、道德观念等意识形态的一种反映。新闻价值观念"直接体现人们的世界观和价值观，要受到人们的哲学思想、政治倾向、道德观念、文化水平、审美情趣等等的制约，新闻价值判断的背后是利益原则和利益维护"。① 1990 年代中后期尤其是 2000 年以来，社会转型所带来的种种变化和矛盾更加突出，与社会阶层多样化、价值认知主体趋于多元化同时并存的是社会严重的两极分化，社会结构的明显断裂，社会的信任体系和道德体系遭到破坏。90 年代初期思想界的"人文精神大讨论"是对初露端倪的物质主义、道德和价值观迷失的反思，当喧嚣的热潮退去，人文主义思想以更加隐蔽的方式沉潜下来，而重点转向了对作为公民的个体的价值、尊严、权利的思考，人文主义理念正在被多数人接受，并成为重要的社会价值观。"社会价值观是关于价值的一定信念、倾向、主张和态度的系统观点。在社会生活中往往起着评价取向、评价标准、评价原则和评价尺度的作用。受众群体性的价值观往往在很大程度上制约着新闻传媒，使新闻传媒对此不能不闻不问。"②近年来新闻在传播方式上的变化已经在一定程度上昭示着人性意识正日益成为一种内在的价值尺度规范着新闻实践，有研究者注意到："中国传媒新闻报道方式的演变中，还发生着另一个观念的变化，即人的价值逐渐被看重。……我们的媒体已经意识到，以人为本是全社会的共识，这个理念无形中会逐步内化为多数新闻工作者自觉秉持的职业理念。"③应该说，这是 90 年代新闻传播人文关怀潮流的继续和深化。

　　新闻的报道角度从"事实的世界"向"人的世界"倾斜，人的价值和命运成为"事实"之外的重要关注对象。记者着力挖掘和探询人的行为动机、思想感情，以及推动事件发生和发展的人的欲望和观念，当然最

---

① 彭菊华：《新闻学原理》，中国传媒大学出版社 2006 年版，第 83 页。
② 丁柏铨：《中国当代理论新闻学》，复旦大学出版社 2002 年版，第 15 页。
③ 陈力丹：《论 60 年来我国新闻报道方式的演变》，《国际新闻界》2009 年 9 月。

终目的是形成事实之间的逻辑链条，以阐释新闻事件背后的深层意义。这种倾向与记者对新闻的认识有关，新闻的一个重要属性是与社会个体的关联，缺乏这种关联性，新闻也就很难具有较大的价值。这类报道往往选取某个人或某一群人的经历、遭遇或生存状态，来反映当时一些社会矛盾和体制上的缺陷。在这些取自个体人角度的报道中，"人情"成为一个亮点，记者往往将社会进步的步伐、社会利益的诉求、社会生活的脉动、社会道德的进退放在人情的领域进行思考和追问。须知民众的情感和心理本就是社会风尚和价值观的发源地，而他们的情感挣扎和矛盾也是社会矛盾的反映，从这个角度说，关注人情的世界也就是关注人本身。即使我们承认新闻是对事实的报道，但落脚点还应该是"人"，是新闻事实和事件中人的作用、人的观念、人的情感以及事件对人的影响等一切关于"人"的因素。2000年以来许多新锐媒体就是以此为角度对重大社会问题进行报道和揭露的。比如《财经》杂志在2003年所作的关于非典型肺炎的报道，落脚点也是人。《南方周末》自1990年代末期以来对许多突发事件和社会问题的报道也同样体现出这一倾向，比如调查新生代农民工城市犯罪问题的《"砍手党"阿星》，反映西北地区代课教师生存现状的《最后的代课教师》，拷问举国体育制度的《举重冠军之死》等，这些报道都是从人的角度去反映社会问题和矛盾，而小人物的命运也得到了最真切的再现。

新闻传播价值观念的取向，决定着新闻传播活动的目的。以"人"为新闻价值观念的基础，从形而上的层面说是对人的生存意义、生存价值的终极关怀，而从形而下的可操作层面讲，它是对个人自由、社会公正、平等和进步的关注。人文思想的核心是突出社会的主体、发展的目的、文化和价值的中心——人的位置，使作为现代观念基础的"现实的个人"，成为现代社会发展、现代文化建构的基本出发点。这一点逐渐成为现代化过程中的中国人所重新认知的理念和价值观，新闻传播也以此为尺度去进行新闻选择和报道。当我们回顾近年来那些经典的新闻报道时，我们可以发现它们的共同特点都是：超越简单功利评判，展示复杂变动的社会现实，关注人的自由和尊严，进而呈现出鲜明的人文关怀的特征。而人情的显现，使这些报道具有更丰富的内涵。这些变化体现了新闻传播者人性意识的增强，它影响和主导了新闻传播者的职业意识、思维方式、价值准则、主体意识等，成为支配其新闻活动、新闻行为的一种思想规范。它成就着生动、自由的传播过程，是合乎人性的传播活动，对中国的现代化有着积极的影响。应该说，近年来社会进步的主要表现是人文思想逐渐深入人心，而新闻传播人性意识的觉醒正是适应社会变革的表现，也是其本身进一步发展的必然趋势。

第三节　人性意识标准观照下的新时期新闻传播

"回首新闻改革 30 年，新闻报道最深刻的变化莫过于对人的尊重，对人的生命价值和生命意义的关注。"①人性意识在新闻传播中有较大的发展，成为新闻价值观念的基础，人文关怀成为一股潮流。但是，偏离人文精神的要求，违反人性化原则，背离人性意识，在当前的新闻报道中绝对不是个别现象，其中一些缺乏人文关怀的报道模式，已经成为新闻工作者的惯性，是中国新闻界的"通病"。

一、人性意识的浅层化

深层的人性意识要求以真、善、美等崇高的价值理想为核心，以人的全面发展为最终目的，尊重人、关怀人，以人为本，关怀人的生存状态和权益，促进社会的和谐和进步。人性意识来源于对人的关注，对人的命运与人的生存状态的历史性追问和负责任的态度。这种关注是一种深沉的人文情怀，也是媒体社会责任感的体现。

但当下很多媒体对人性意识、人文关怀等概念其实只有表层的理

---

① 童兵、林溪声：《"五四"精神与新时期新闻改革》，《现代传播》2009 年第 3 期。

解，所以当"以人为本""人文关怀"在中国社会逐渐成为"显词"后，一些媒体开始"言必称关怀"，反而造成了人性意识的泛化和浅化。在许多新闻报道中，对表层信息的敏感大大超过了对深层事实与事实中"人"的维度的思索和关注，此外理性思维的缺乏和社会责任意识的淡漠，也是其无法表达人性意识，写出人文关怀，写出新闻深度的重要原因。

　　由于缺乏深度，新闻报道在目前许多亟须向公众传达或澄清的社会问题方面显得力度和影响力都较小。2003 年后，媒体关于弱势群体尤其是农民工的报道增多了，但表面文章多，深度解读少，大多数传媒并未真正做到自下而上地关注与透视这个群体背后所发生的大变革，关注和关怀今天中国社会最底层的人们在这个变动中的命运。在现有的报道中，往往存在报道的内容过于简单、深度挖掘不足、有时有炒作的嫌疑等问题。2003 年，自从四川农妇熊德明向温家宝总理反映外出打工的丈夫拿不到工钱的情况以后，此事很快成为媒体报道的焦点，熊本人也名声大噪。但一些媒体并没有挖掘她所反映的事实背后深层的社会原因，而是将熊德明作为炒作的对象，这个普通农妇迅速被媒体塑造成了一个"维权英雄"。先是当选为中央台的年度经济人物，然后被一家公司请去当管劳动纪律的干部，后又在媒体的怂恿下，到温州为两个打工的亲戚维权。最后各媒体为抢新闻，搞出一场熊德明"失踪"的闹剧来。① 1990 年代以来，我国媒体开始对艾滋病议题进行了有意识的报道，但除了少数媒体刊出具有分量的深度报道外，大多数报道仍然采用了单一的信息来源和单调的报道形式，大部分信息来源于政府卫生部门、官员、专家学者，而以普通民众为角度的报道相对较少；内容方面以会议和活动居多，人们只能从报道中看到官方的信息，见不到在这种巨大灾难中的人的命运和精神；90 年代末期以来，"民生新闻"一度成为新闻观念"平民化"的重要表征，也是新闻实施人文关怀的另一种范本。但是，由于其定位于"平民化"新闻，加上商业化因素的侵扰，在

---

　　①　许纪霖：《回归公共空间》，江苏人民出版社 2006 年版，第 153 页。

新闻选择、报道方式上逐渐走入表面和流俗，许多报道的基调和聚焦点，以及对新闻事实、新闻价值的认识判断都没有建立在深层的人性意识和人文情怀的基础上。

二、人文关怀的缺位

从新闻传播的发展历程和文化传统来看，我国的新闻传播具有一元化、单向性的特点，而欠缺多元化和人文关怀的传统。在新闻传播领域，表现为长期采用以政治宣传为社会主义的路线、方针、政策服务，媒体相对偏重于上情下达的客观报道，或以英雄人物、先进典型事迹的正面宣传来教育和引导民众，相对忽视对普通生命的关注和尊重。总之，意识形态功能始终是首要的，应该说，这是媒体人文关怀缺位的一个重要原因。

人文主义的基本出发点是个人主义，但在我国长期奉行的国家利益至上的权威意识形态下，集体主义更受到重视和推崇。在新闻报道中，宣扬"舍小家保大家"、顾全大局等思想仍然是媒体惯用的报道基调。2004 年 6 月 1 日是南海伏季休渔开始的第一天，广东省和香港两地的媒体都围绕这个素材作了相关报道。通过比较两地的报道，发现两者最大的差别是香港记者从休渔给渔民生活带来的影响，以及休渔后渔民生活状况为角度进行报道；而广东媒体则从渔民衷心拥护政府决定，对休渔带来的暂时困难表示理解为角度报道。前者站在百姓的立场，报道中充满感情，后者则站在政府的立场，报道中相对欠缺感情的内涵。① 立场和感情问题指的就是有无人文关怀意识，在国家的一项大的政策背后，往往有无数普通民众的隐忍、奉献甚至牺牲，一个具有人文关怀意识的报道应该反映这些普通民众的生存境况和生存毅力，反映他们的利益诉求，应该在政府立场之外也要兼顾民众的立场。但综观我国此类报

---

① 李良荣：《改一改我们的报道理念、模式和笔法》，《新闻导刊》2004 年 6 月。

道，我们看到的大多还是以宣传为本位的新闻，比如关于三峡移民的报道、关于"西部大开发"的报道，基调还是宣传式的，真正深入到百姓实际生活和真实处境的新闻在数量上没占任何优势。

　　除了政治文化传统的影响，我们也要注意经济因素对新闻传播人文关怀精神的侵蚀。人文主义是市场经济发展的结果，是物质生活变化在精神生活中的反映，它的出现也标志着世俗化时代的到来。在西方历史中，世俗化起到了消解"神圣化"和祛魅的作用，同时肯定个体的情感欲望和世俗关怀，它是人性觉醒的产物；中国当代的世俗化是伴随中国新时期的现代化历程而开始的，它由市场经济体制催化而成。在市场文化生产领域，商业逻辑按照赢利的目标去生产，而文化逻辑的生产目标是提升民众的精神以及审美的愉悦，现实中，商业逻辑危害文化逻辑是一个无法回避的客观存在，在这个前提下，市场意识形态也会导致人文关怀的缺位。

　　这种缺位集中体现在传播资源的配置方面。以报纸为例，1999 年，有学者对 1987 年到 1997 年十年间报业市场进行考察时就发现，十年间，"以农民为读者对象的报纸失去的市场份额最多，即丢掉了原有的 85%，1987 年占有 3.4% 的市场份额，1997 年就下降到了 0.5%，有 6 种农民报从市场消失了"。① 反观 80 年代，有人曾作过统计，"到 1984 年底，全国农民报共 354 种，比 1983 年增加 58 种，比 1982 年增加 123 种。农民报占全国各类报纸总数的 22%"。② 这一变化的背景是 90 年代以来随着社会经济结构的调整，农村丧失了大众传媒发展的经济基础和读者基础，报纸也相应进入了都市化和市场化的阶段，进而将城市人口作为主要目标受众，而农村受众和弱势人群成为忽略的对象。电视媒体的情况与报纸一样，目前中国的电视台已经超过 3000 家，真正把目光

---

① 陈中原：《我国报业市场近十年变化趋势》，《中国报刊月报》1999 年第 6 期，第 140 页。
② 贾培信：《我国农民报纸的蓬勃兴起》，《中国新闻年鉴》(1985 年)，社会科学文献出版社 1985 年版，第 17 页。

投向农村的电视节目屈指可数，在电视栏目中，大约只有十五六家开办了对农专栏。有学者谈到："在今日中国方兴未艾的'大众文化'，显然并未给此类'大众'留有空间，或许没有人会怀疑他们正是当代中国社会语境中的'大众'，而毫无疑问，（他们）是'沉默的大多数'。"[1]传播权力的分配不公平，弱势群体的传媒缺失，必然使他们在新闻传媒上缺乏自己的声音，缺乏利益表达的渠道。

在"利益决定关系模式"的大前提下，新闻传媒为追求广告营业额和利益的最大化而不得不抛弃普通民众尤其是弱势人群。尽管许多大众化媒体走的是平民路线，但归根结底是把报纸当做企业，实施商人办报的战略，进而重视报纸营销、重视广告经营，这些是它们的共同特征。《楚天都市报》总编辑杨卫平就曾骄傲地称"自己是商人办报"，并且强调，"我是商人"。[2]《三联生活周刊》主编朱伟也曾经说过："'三联'不面向弱势群体。当然，客观上，这会有一个广告上的效应。"[3]在新闻传播实践中，人文关怀与媒介利益发生冲突是难免的，媒体作为经营机构首要的做法就是迎合市场。

三、新闻报道中的"人性物化"现象

新闻报道中的"人性物化"现象集中表现为过于张扬人的自然属性、生物属性，造成新闻的庸俗化，过度的娱乐化，从而背离了人文主义思想中健康的个人话语，"个人主义话语如果拒绝或没有能力，对个人的精神维度而言，'个人'这个词的含义就永远有下沉为本能、欲望的趋向，而个人自由就只能粗鄙化为无尽地满足欲望的自由，无尽地消费的

---

① 戴锦华：《隐形书写——90 年代中国文化研究》，江苏人民出版社 1999 年版，第 20 页。

② 刘勇：《媒体中国》，四川人民出版社 2000 年版，第 228 页。

③ 赵允芳：《"一本杂志和它倡导的生活"——〈三联生活周刊〉主编朱伟访谈》，《传媒观察》2006 年第 1 期。

自由，而这永远只是一部分人的特权"。① 对人性的物化，对人性中自然属性和生物属性的张扬实际上是一种"反人性"的现象。

在今天的新闻传播领域，新闻竞争的白热化促使许多媒体一味追求公众眼球或市场效应，以至于"四色报道"充斥媒体："所谓四色报道，即红色秘密（披露领导人的秘闻趣事而真假莫辨），金色的诱惑（对大款、大腕的挥金如土津津乐道），黄色的刺激（淫秽内容的大肆渲染），黑色的恐怖（暴力凶杀的详尽描绘）。"②在我们每天可见的社会新闻中，经常可以看到大量离奇的、骇人听闻的报道。为了凸显"刺激性"，记者将事件、标题、图片等进行一些加工，来迎合读者和观者的猎奇心理，满足其窥视欲和好奇心。

在报道手法上，娱乐化成为惯用的手法，用娱乐的外衣对新闻进行包装，强化新闻事件的戏剧性效果，强调悬念、煽情、刺激，追求事件的趣味性、可读性和视觉冲击力，用故事化、文学化的手法来表现新闻事件中的"动人"瞬间。2004 年，轰动一时的马加爵案带来一场媒体的"狂欢"。马加爵落网后，湖南经视都市频道的新闻演绎类节目《新闻故事会》找来一个与马加爵长相神似的在校学生扮演他，对此案进行模拟拍摄。③ 2004 年 6 月在阿富汗的中国劳工遭遇袭击，数名工人遇害，国内某电视台竟然在节目中以滚动字幕形式竞猜遇害工人的袭击者是谁。同年 9 月，俄罗斯发生别斯兰人质危机事件，同样有电视台播出有奖竞猜人质死亡数。这两次事件的发生，引起了人们对媒体职业道德的强烈质疑和批评。在此类案例中，媒体所关注的人性日渐稀薄，而娱乐化和非人性化，正将悲剧变成闹剧。

在激烈的市场环境中，许多媒体为了自身的生存和发展，以低品位来迎合部分受众的心理，这是受众的需求发生变化的背景下媒体所采取

---

① 王晓明主编：《在新意识形态的笼罩下：90 年代的文化和文学分析》，江苏人民出版社 1999 年版，第 48 页。

② 李彬：《中国新闻社会史》，清华大学出版社 2009 年版，第 496 页。

③ 吴飞：《传媒批判力》，中国人民大学出版社 2009 年版，第 119 页。

的生存策略之一。这一普遍的大众趣味对于传媒来说是一个最现实的存在，在迎合民众和坚守社会责任、公共利益之间，传媒在不知不觉中倾向前者，导致人文价值和精神品质在对经济利益的追求中被消解，80年代相对单纯的人民意识和精英意识从新闻传播中退却。对媒体经济属性的强调使媒体变得世俗和功利，传媒对理想、价值以及生命的思索，对社会责任的理性思考和自觉承担，以及对受众的启蒙日渐式微。由此产生的种种弊端，早已成为传媒批判中老生常谈的话题。

第三章　理性精神与中国新时期新闻传播

　　理性精神是人文主义思想在长期积淀中形成的核心内容之一,弘扬理性精神也是新时期人文主义思潮的重要主题,从 1980 年代初开始的以"人的解放""重建人的主体性"为主题的第一次人文思潮,到 90 年代以来以反物质主义为主题的第二次人文思潮,其所蕴涵的历史要求,就是要建构理性精神。理性精神对新闻传播的影响非常深远,不仅体现在理性精神是新闻传播的固有内涵,而且体现在理性追求是新闻传播始终如一的关怀。新时期,中国新闻传播发展和进步的历程就是不断确立和建构理性精神的过程:对"真实"的诉求,新闻传播者质疑和批判意识的养成,以及对真实、客观、中立的专业主义精神的追求。在新时期中国新闻传播发展的不同阶段,理性精神以不同面貌存在于新闻观念中并体现在新闻从业者的新闻实践中,正是理性促成了生动的合乎人性的新闻传播。但我们也要看到,在现阶段下,由于体制性外力和传播者的主体性因素,新闻传播的理性精神仍然不够充分。

第一节　理性精神与新闻传播

一、理性精神的内涵

　　理性精神,或理性主义,首先是一种哲学思潮,同时也是一种历史观念。作为哲学思潮的理性主义可以追溯到古希腊时期。柏拉图、亚里士多德、西塞罗建构了古希腊哲学的巍峨大厦,相信理性可以把握世界的本原。在基督教神学占据统治地位的漫长历史中，理性主义遭到神学的排斥，直到 14 世纪以后，文艺复兴、宗教改革、科学取代神学，理性主义才进入最辉煌的时代。

从理性主义(理性精神)的发展史来看，在不同的历史时期，理性精神具有不同的内涵，并在与现实的相互作用中不断发生变化，我们大致可以从以下几个方面来了解它的意义。

第一，从本体论角度来说，西方的理性主义强调理性的本体意义，体现了世界与理性主义的统一。本体理性具有两个基本特征：其一是预设性。人预设上帝的存在，它是自在的、永恒的。其二是超验性。本体理性预先假定上帝存在，使理性具有可能性而不可验。本体理性所预设的是一种观念，它是有待证明的。但证明方式又是理性本身，如此陷入循环论证。本体理性预先确立了一个无法证实的上帝存在，因而具有非理性因素。

第二，从认识论角度来说，理性主义可以被理解为认知理性，认知理性专注于人类如何认识世界。理性，一般说来，就是人类通过观念活动把握和处理生活环境，指导自己的实践行为的一种能力。① 认知理性特别推崇技术和知识，将之视为人类改造自然的手段和工具，同时，认知理性还具有一个重要特征，就是怀疑和批判精神，对绝对权威、信仰和迷信保持审慎的态度。我们也可以说，理性精神的本质就是怀疑与批判。

第三，从价值论角度来说，理性主义可以理解为价值理性。从古希腊时期开始，理性主义观念就与"善"联系在一起，柏拉图认为"善理念"是最高的理念。理性主义观念在后来的发展历程中也具有道德方面的含义，比如康德的"实践理性"就是指理性在生活实践中指导人们遵从道德规律，个人的行为选择要服从于社会规范和道德标准。

综上所述，我们可以对理性精神有一个总体的认识。总的来说，理性是指人们信念上应追求使现实逐渐趋于合理的目标，信赖人类主体的

---

① 韩震：《重建理性主义信念》，中华书局 2009 年版，第 1 页。

理智、认知能力和道德良知,坚信人类的行为和社会的进步应以科学知识为参考,顾忌整体利益和未来目标,慎重行事,拒绝盲目冲动。理性行为的概念是不断变化的,但是其行为方式大致相同。理性与本能、冲动、狂热和感性相对立,理性精神包含有科学精神、批判精神、怀疑精神与求真务实精神的内涵。

二、理性精神是新闻传播的内在要求

新闻是对新近发生事实的报道,具体来说,就是新闻记者、编辑把"事实""真实"地呈现给受众,受众接受记者、编辑提供的"事实"。因此,有一位学者指出,新闻是一种话语,是一种具有社会性、机构性的特定形式的实践活动。[①] 新闻制作人员事实上是如何理解正在发生的事实,他们的理解就会决定并形成他们所制作的新闻报道。也就是说,新闻从业人员的观念决定了作为话语的新闻。这就决定了新闻从业人员必须具有理性精神,他们的理性精神也就决定了新闻文本的理性精神。

首先,新闻要遵循真实原则,这是理性精神对新闻的基本要求。真实性,作为新闻的生命力之所在,不仅是新闻的根本属性,也是新闻从业人员的工作原则与起码要求。真实性可以理解为:尊重事实而非观念,遵从客观而非主观地认知世界,在此基础上,对实然世界进行具有批判性的理解与分析。从中不难得出如下结论:真实性与理性精神是紧密联系在一起的,真实性是新闻工作的基本原则,理性精神是新闻工作者应当具有的价值取向。基本原则与价值取向的聚合提示我们:坚持新闻的真实性,是对从业人员理性精神的必然要求;而从业人员理性精神的确立,是新闻真实性的根本保障。我国的《中国新闻工作者职业道德准则》明确指出:坚持新闻真实性的原则是新闻职业道德的重要内容,新闻工作者要坚持实事求是的思想路线,深入实际、深入群众,注重调

---

① [荷]托伊恩·A. 梵迪克著、曾庆香译:《作为话语的新闻》,华夏出版社2004年版,第180页。

查研究，不得弄虚作假，不得拔高夸大，不得歪曲事实真相。这种规定实质就是理性精神的具体体现。新闻必须客观真实，这一点毋庸置疑，但客观的事实要通过记者的报道反映出来，也就是说，新闻报道既来自事实，又要经过记者的思考和认识来反映，主观因素实际上是不可避免的。在这种情况下，尤其要求记者的主观要向客观靠拢，新闻工作者应该全面地收集材料，实事求是地进行报道，而不允许有任何加工和不负责任的主观判断，通过客观真实的报道来赢得受众的认同与信任。

其次，科学精神也是理性精神的固有内涵，是"人们在长期的科学实践活动中形成的共同信念、价值标准和行为规范的总称"。① 追求科学精神是新闻基于自身属性所内生的需求。科学精神强调的是实践活动在检验真理中的作用和地位。在科学精神指导下的新闻传播业，其从业人员不应听信传言，而应当通过亲自走访、调查、采访，对获得的消息进行证实或证伪。很多失实新闻的产生并不是由于记者刻意编造，而是因为记者没有对得到的消息进行核实。因此，在实际工作中，相关从业人员应当通过调查确保将要传播的消息的真实性。

再次，批判精神对于新闻传播者具有重要的现实意义。新闻传播者应该坚持批判精神，既对现实社会的不合理现象进行揭露和批判，也要为社会的发展指明方向。批判精神是对现实事物不断追问的"问题意识"，这也是新闻从业人员所必备的品质之一。新闻从业人员的批判精神对受众也有特殊意义，因为"人们不仅需要那些能鼓舞和期望的，或者能印证其固定主张的新闻，而且也需要那些能有效引导他们改变、修正或权衡自己的判断和意见的消息情报。批判意识的唤起和形成是交流过程民主化的一个极重要的方面"，② 从而激发公众的批判意识和培养公众的分辨能力。

---

① ［法］巴士拉著、钱培鑫译：《科学精神的形成》，江苏教育出版社 2006 年版，第 13 页。

② 熊澄宇：《西方新闻传播学经典名著导读》，中国人民大学出版社 2004 年版，第 138 页。

　　新闻传播者要全面、真实地反映社会生活的各个方面，就要超越缺少批判性和否定性的单向度思维。具体如何做到呢？首先，新闻工作者应该立足于现实，通过思考和观察发现反映时代发展的重要问题。其次，新闻从业人员要保持对社会的理性观察和思考，发现具有现实意义的重大社会问题，并把对于这些问题的报道作为自己神圣的社会使命。新闻传播者从价值角度对社会的批判代表着一种更高的理想，和对现实世界的超越意识，也体现了新闻传播者自我意识的张扬。新闻从业者应具有社会理想，并以此为视角来审视现实世界。在新闻实践中，记者应以生动的事实和言论，不断唤起公众对于理性的追求，使公众深刻地认识舆论的力量；应当通过对事实的报道或评论，向大众传递改造社会的理性认识，将整个社会向理性方面导引。

　　批判精神在媒体的工作中体现为：两种对象与两种路径。批判的对象有二：其一，对于社会现实的批判，批判既包括社会物质生活层面也包括社会精神生活层面。其二，对政策方针的批判。其包含两种路径：第一，对于已有的政策方针，在实践过程中发现存在什么缺陷，应当如何调整或补充等。第二，对于政策方针在社会发展进程中的缺位，记者应当大胆指出，提出自己的建议以及具有代表性的社会呼声。对政策方针的批判，体现了新闻媒体的监督功能。这种功能不仅是新闻媒体的法定权利，也是保证社会良性发展的保障之一。批判政策方针的第一条路径，体现了新闻媒体议政的功能。其第二条路径，则体现了新闻媒体的参政功能，二者缺一不可。

　　最后，质疑精神是新闻传播者理性精神的另一个重要方面。拉斯维尔在《社会传播的结构与功能》一文中，提出新闻传播者首要的社会功能应该是"监视环境，揭示那些会对社会及其组成部分的地位带来影响的威胁和机遇"。[①] 新闻传播的监视环境功能会促动社会变革，成为推

_____

　　[①]　张国良：《20世纪传播学经典文本》，复旦大学出版社2003年版，第210页。

动社会进步的重要力量。而质疑精神是新闻传播者发挥求真和监督作用不可或缺的品格。

在我国，从新中国成立到改革开放前的相当长时期内，质疑精神受到体制性因素的排斥，新闻传播者无法确立自身的质疑精神。1980 年代初以来，社会大环境发生改变，人们开始重新认识新闻规律，新闻传播的主体意识开始苏醒，质疑精神也开始萌芽和成长。90 年代以后，新闻传播者的质疑精神在不断成熟，突出体现在对社会重大问题的揭露、公众知情权的维护上。现在，这一功能也逐渐得到公众和传媒的重视以及政府的承认，即新闻从业人员代表社会公众的利益，应对权力机关及其公职人员进行监督；新闻传播者要在理性的质疑中实现对社会和民众的导向功能，最终成为国家进步和社会发展的中坚力量。新闻传播者的质疑精神会在社会形成良好的影响，因为"传播媒介最重要的效果在于影响了人们理解与思考的习惯"。① 通过不断的质疑，拓宽和深化人们观察、认知客观世界的视野，改变社会大众的思维方式，打造民众的质疑精神，并在全社会形成科学求实的精神。在理性的质疑中实现导向功能，才能真正成为推动国家发展和社会进步的力量。因此，质疑精神是衡量媒介社会责任意识和新闻职业素养的重要标准。

总而言之，理性精神是新闻传播的内在需要，是推动新闻发展的力量，也是新闻的生命力之所在。对于理性精神的漠视，会对新闻事业生命力造成严重威胁，历史已经证明了这一点。新闻媒体应当时刻从真实性原则出发，以理性精神的透镜观照当下社会，而对客观真实与理性精神的尊重，就是对新闻事业的尊重。

三、新闻媒体是建立社会理性精神的重要阵地

新闻与社会存在客观的互动，新闻记者可以通过评论与批评激发公

---

① ［美］沃纳·塞弗林著、郭镇之译：《传播理论：起源、方法与应用》，华夏出版社 2000 年版，第 296 页。

众追求理性的需求，也可以通过报道唤醒社会文化中理性精神的回归。从这个意义上说，新闻无疑是建立整个社会理性精神的重要阵地。

"媒介并不是孤立存在的，它也是一种社会子系统，是社会的有机组成部分，它的存在与发展与其他子系统（诸如政治、经济、文化等）也存在着密切的关系。"①在整个社会系统中，新闻传播业属于社会信息系统，其主要功能体现为：收集信息、处理信息和传播信息。这一过程是主观与客观的统一。信息本身是客观的，事实上，在世界范围内，每天都有大量的事件发生，这些客观存在的事件构成了信息的庞大组成部分。而信息的收集、处理，体现了新闻从业人员的思考与价值判断。传播什么样的信息，以怎样的方式进行传播，如何对信息进行解读与评论？无疑，这一系列的问题体现了记者与编辑的价值判断，也体现了从业人员的价值取向。正因如此，新闻才被誉为一门"选择事实的艺术"。新闻传播之于社会文化的能动性，表现为新闻传播可以维护、催生、调整社会主流意识形态，并通过信息的传播对社会中的个体价值观产生影响。

正是基于这种能动性，我们说，新闻业承载着重要的社会责任，是建立整个社会理性精神的重要阵地，媒体对社会理性精神建立的方式有直接方式与间接方式两种。

首先，新闻媒体可以以直接说理的方式在整个社会范围内建立理性精神，激发公众追求理性的需求。其次，新闻媒体可以以间接引导的方式在整个社会范围内建立理性精神，唤醒社会文化中理性精神的回归。除直接说理的方式以外，间接引导方式的作用同样重要。与直接说理不同，间接引导方式要求记者客观地报道真实事件以及在采访中真实的见闻。对于客观事实的报道，可以改变公众对某一事物或问题的主观偏见。从这个意义上说，新闻媒体是公众视野的扩展与延伸，从业人员在报道与评论中的求真务实精神与批判精神，可以为公众还原一个真实世

---

① 李良荣著：《新闻学概论》，复旦大学出版社 2001 年版，第 127 页。

界的原貌。公众在认识真实世界的基础上，才能打破对于权威的迷信，社会主流文化才能随之重返理性。"越南战争时期，哥伦比亚广播公司的晚间节目主持人沃尔特·克朗凯特在战争初期始终站在当时美国政府的立场上。后来，他被派往越南前线进行实地采访报道。在这个过程中，他目睹了战争的真相，及时调整了报道观点，进行了自我否定，用大量事实，推翻了原来节目的视角，把真实的新闻传播给观众。当时的美国总统在看到他的节目后，非常震惊，总统说：这是一个转折点，是沃尔特·克朗凯特改变了我。"①克朗凯特秉持求真务实与批判精神，亲临战场，将所见所闻真实、客观地传播给公众，这使得公众改变了之前对于越南战争的错误观念。这个案例再一次说明新闻记者就是公众视野的延伸与扩展，记者首先要具有求真务实与批判精神，才敢于站在客观的立场，记录事实，政府的失实观点只有在事实面前才能被打破。可见，间接的方式同样可以唤起公众以事实检验权威的觉悟。新闻记者只有真实地从本质上反映世界原貌，才能引导人们正确认识世界，了解世界。

第二节　理性精神在新时期中国新闻传播中的体现

在新时期中国新闻传播的发展历程中，理性精神在不同的阶段有不同的体现和特点，本节将从三个方面进行论述。

一、重新确立新闻传播的求真精神

对于刚经历过"文革"的新闻界来说，理性的意义首先在于反对愚昧和迷信，重新建立求真求实的态度。因此，理性精神在新时期新闻传播中首先表现在求真精神的弘扬上。

---

①　郑超然等著：《外国新闻传播史》，中国人民大学出版社 2002 年版，第 178 页。

　　"中国共产党十一届三中全会《关于建国以来党的若干历史问题的决议》，以彻底否定'文化大革命'的权威结论，为这一时代落下了厚重的帷幕。这一历史定位，无疑以充分的异质性，将'文革'时代定位为一个中国社会正常肌体上似可彻底剔除的癌变，从而维护了政权、体制在话语层面的完整和延续，避免了反思质疑'文革'所可能引发的政治危机；但完成一次深刻的社会转型所必需的意识形态合法化论证过程，却必然以清算'文革'为肇始。"①这就是1978年进行的真理标准问题大讨论的开篇语，以此为开端，我党对"文革"时期意识形态进行深刻反思和全面突围，并为改革开放酝酿舆论的氛围。

　　1978年5月11日，《光明日报》发表特约评论员文章《实践是检验真理的唯一标准》，自此，"真理标准问题"讨论正式开始。在此之前的1978年3月26日，《人民日报》理论部发表了思想评论《标准只有一个》一文，并引起了小范围内的讨论，为5月的"真理标准问题"讨论作了先期准备和铺垫。5月10日，中央党校内部刊物《理论动态》发表了《实践是检验真理的唯一标准》。第二天，《光明日报》以特约评论员名义刊登了此文，之后，《人民日报》和《解放军报》也同时予以转载，新华社全文播发。在中央级各大报纸的影响下，全国绝大多数省、市、自治区的机关报也陆续转载此文，由此将真理标准问题大讨论推向全国范围。

　　这篇文章所提出的检验真理的标准只能是社会实践，理论与实践的统一是马克思主义的一个最基本的原则等理论主张都是直接针对"两个凡是"的错误路线，因而，文章引起了巨大的反响，同时也遭到保守势力的非议。但最终真理的阳光穿透错误思想的云翳，开始普照神州大地。这与各个级别的报纸等媒体对这篇文章的转发有密切关系，并最终在全国范围内引发了一场关于真理标准问题，关系中国前途与命运问题的大讨论，在这场思想解放运动中，媒体起到了非常关键的作用。

---

　　① 戴锦华：《隐形书写——90年代中国文化研究》，江苏人民出版社1999年版，第42页。

1978 年 12 月，党中央召开十一届三中全会，会议对历时半年多的党报真理标准问题讨论给予充分肯定和高度评价，确立起解放思想、实事求是的思想路线，同时提出，要将工作重点转移到现代化建设上来，从这个时候开始党和国家开始了改革开放的探索。新闻与社会的发展同步，在承载历史反思使命的过程中，新闻传媒成为思想解放的阵地和武器，新闻理论界开始解除了教条的束缚，对过去人们以为天经地义的一些新闻学的重要观点发出了质疑之声，从对"新闻是什么"的讨论开始，进而对新闻媒体的性质和功能进行反思，对新闻真实性、新闻价值理论重新进行探讨。在这个大环境下，新闻界发现新闻之所以不能正确反映客观现实，重要的一点是不能保证新闻的真实性，不能按照新闻价值来判断事实，也就是不能坚持真理标准大讨论中提到的"唯物论的反映论"。因此，新闻改革的首要任务是重新建立新闻真实性权威地位，重新确立"新闻要用事实说话"的地位。

在这个时期，以各级党报为主要阵地，以社论和评论员文章为主要形式，新闻真实性议题成为当时集中讨论的话题，反映了这一时期新闻界对新闻真实性问题的重视。早在"真理标准问题"讨论发生之前的1978 年 3 月 26 日，《人民日报》发表了徐占锟的文章《斥"事实服从路线需要"论》。文章揭露，"四人帮"的"事实服从路线需要"论就是为"造谣有理"制造理论依据，就是通过利用新闻报道对事实的选择来说假话。自 10 月 14 日起，《解放军报》连续发表编者述评《从"假"字开刀，整顿文风》《再从"假"字开刀，整顿文风》《从领导干部作风上找原因——三谈从"假"字开刀整顿文风》；《解放军报》头版开始开辟《揭露假报道抵制浮夸风》专栏。其"编者按"指出："新闻必须真实，这是无产阶级新闻的基本原则。为了维护新闻的真实性，杜绝弄虚作假和报道失实的现象。本报开辟《揭露假报道抵制浮夸风》专栏。这个专栏将刊登读者揭露本报发表的一些弄虚作假和严重失实的报道，并公布作者姓名及其所在单位。"1978 年 12 月 23 日《中国青年报》刊载"本报特约评论员"文章《坚决废止"四话"》云："'四人帮'横行时期，'空话、大话、废话和假话'‘四话’盛行。说‘四话’吃香，讲‘真话’、‘实话’倒霉。‘四话’败坏了党的实事求是的优良传统，败坏了社会风气，形成了‘帮八股’的腔调和气味，必须下大力肃清‘帮八股’的余毒。"①

80 年代初，新闻真实性首先被作为业务问题提出来，其中就包括对"真理报模式"的反思。很长时期以来，由于新闻报道从单一的政治宣传出发，可以任意编选、任意拔高，而且在叙事方法上也有固定的格局、程式和语句，被称为"真理报模式"。它的特点是：①它不是从实践出发，它是根据红头文件办报，实践是面团，任人蹂躏；②它不对读者负责，只对领导负责；③党八股和假大空，用僵化的体裁写报道。②这样的新闻当然无法尊重事物的原貌和本质，如实地反映生活。1981年，在庆祝新华社建社五十周年的茶话会上，时任中央书记处书记的习仲勋对改进新华社的宣传报道工作，提出了著名的五点希望：一是"真"，新闻必须真实；二是"短"，新闻、通讯、文章都要短；三是"快"，新闻报道的时间性很强，不快就成了旧闻；四是"活"，要生动活泼，不要老一套、老框框、老面孔；五是"强"，要做到思想性强、政策性强、针对性强。一位资深的新闻工作者于 1979 年在概括中国的新闻改革时说："新闻改革是从新闻业务改革开始的。业务改革首先是新闻写作的改革。新闻写作的改革曾经提出过几句话：要把假的改成真的(这是最基本的一条)；长的改成短的；旧的改成新的；少的改成多的；慢的变成快的。"③在这些论述中，"真实性"都被作为最基本和最重要的一条要求首先提出。从业务入手，新闻真实性问题得到逐步加强。1984 年在全国新闻真实性问题座谈会上，对新闻真实问题进行了总结：近年来，我们报道了大量真实准确的新闻，在宣传党的主张，反

①　刘家林：《新中国新闻传播 60 年长编 1949—2009(下)》，暨南大学出版社2010 年版，第 7 页。
②　洪兵：《报人的最高境界是从容不迫——〈南方周末〉主编左方访谈录》，《新闻大学》2003 年第 8 期。
③　戴邦：《谈谈新闻改革》，《新闻战线》1980 年第 3 期。

映人民意见，促进社会主义建设等方面，都取得了很大成绩。当前，新闻报道的真实性，同十年内乱时相比，有了根本的改善。① 新闻的求真精神很快在新闻实践中反映出来。1979年首届全国好新闻评选，《"活着的黄继光"杨朝芬》获得消息类头奖，这篇报道获奖的原因是塑造了一个更加平实和真实的英雄人物，就如当时的评论所说："它没有空话，没有英雄跃起爆破时'想什么'的'神化'镜头，也没有英雄舍身刹那'说什么'的'闪亮'的豪言壮语。它朴实地记述事情的经过，用人物的行动来反映人物的思想面貌。"②

对真实性的确立起到重要作用的是1983年左右信息观念被引进新闻界，因为信息观念的引进使人们认清了"新闻"的真正含义，并引发了一场"新闻与宣传"关系的大讨论。"1984年是我国新闻叙述结构总体格局的分水岭。1984年以前，新闻报道主要采取宣传模式；1984年后，新闻模式取代宣传模式成为新闻叙述的主角。"③1984年，李良荣教授的《"信息热"和新闻改革》一文，正式将信息论和传播学中的信息概念引入中国新闻学，得出"新闻是一种信息的传播"的结论。信息概念的引入所带来的新闻理论的变迁为新闻与宣传关系的争鸣提供了契机，因为以宣传为唯一要务的传统观念无法让媒体为受众提供信息给予合理的理论支撑，而社会对于信息的饥渴促使媒体重新认识到传播信息是媒体的重要使命之所在。

"真理标准问题"讨论的目的，就是要人们打破唯上唯书、沿袭陈规陋习的思维定势，这场思想解放运动之所以能够产生巨大影响，是与一大批新闻界的老干部和中青年新闻工作者发扬不唯上、不唯虚的理性精神分不开的。经过第一个阶段的拨乱反正，新闻界重新树立了新闻真

---

　　① 中国社会科学院新闻研究所编：《真实——新闻的生命》，中国新闻出版社1986年版，第4页。

　　② 《中国新闻年鉴》(1981年)，社会科学文献出版社1981年版，第323页。

　　③ 黎明洁：《新闻写作与新闻叙述：视角·主体·结构》，复旦大学出版社2007年版，第193页。

实性的尊严，但当时主要还是指向"文革"时期遗留下的新闻造假现象，因此强调在报道内容上的真实性，但新闻真实性的更高要求是新闻传播者主动探寻事实真相，由于社会条件不具备，当时的新闻界还没有触及这一问题。80年代中期以后，社会思想日趋开放，学界对新闻与宣传关系的探讨逐渐展开，人们开始对"宣传造假"有了更深入的认识，进而对意识形态的扭曲带来的真实有了更理性的思考，尤其是随着记者主体意识的确立，主动发掘真相成为新闻真实性的更高目标。

二、质疑精神和批判意识的彰显

1. 记者主体意识的确立

人们常常用"翻天覆地"来形容1978年以来的中国社会，正如80年代名噪一时的政论文《中国改革的历史方位》中写到的："生活在变，观念在变，人在变，一切都在变。兴奋、惊愕、困惑、期待……袭扰着每一个人。"①伴随意识形态中心化价值解体，思想领域的动荡随之而来，"一个动荡的时代，常常使人们对既定的价值发生疑惑，时时变动的秩序则往往使人们对固有的结构产生疑问，'天经地义'本来说的是无须怀疑的道理，但是，'天崩地裂'则使这些不言而喻的道理失去了基础"。②"在上帝死了之后，人们各行其是，尽管没有一个明确的总体方向可依靠，但对于个人而言，需要依据自己的判断来做精神选择。"③从"总体性社会"走向"复调社会"的最大变化是"社会"不再是国家完全支配下的统一体和附属，而成为新兴力量谋求和彰显自主性的领域；相应地，人们的精神生活不再由抽象的总体性来安排，而需要在个人独特生活经历中打开自己的精神世界，这成为80年代以来几乎每一

①　转引自刘家林：《新中国新闻传播60年长编1949—2009（下）》，暨南大学出版社2010年版，第133页。

②　葛兆光：《中国思想史》第一卷，复旦大学出版社2001年版，第82页。

③　杨扬：《90年代批评文选》，汉语大词典出版社2001年版，第112页。

个中国人都要面临的精神生活新景观，这一过程同时也意味着自我的发现和主体意识的确立。

思想文化界大力倡导的"新启蒙"运动应和着这一时代的精神，发出"重建人的主体性和主体意识"的时代最强音。一时之间，"高扬新闻工作者主体意识"也成为新闻界的热门话题，时任新华社上海分社社长的沈世纬对主体意识作了这样的解说："所谓主体意识，就是记者作为社会实践活动的主体，对自身具有的能动性、创造性和自主性的确认。"他还谈到，在主体意识的建构过程中，记者要树立这样的意识："宏观意识、竞争意识、创新意识、调研意识、群体意识。"①简言之，主体意识即独立地观察、判断、选择和报道事实的动机和能力。对于记者来说，主体意识的确立，就是要用自己的眼睛观察，要用自己的头脑去思考，摆脱传声筒的角色定位。

长期以来，传媒人以宣传党的方针、政策为己任，做党的宣传员曾经是新闻工作者职业修养的重要内容。1980 年代初，对新闻工作定位的主流观点是："新闻工作的作用就是发挥宣传者、鼓动者和组织者的作用。假若有的同志喜欢用传播这个词，是不是可以这样说，我们要传播新闻，更要传播真理；要传播事实，也要传播观点；要传播信息，也要传播事物的本质，总之，要通过新闻事业传播马克思主义思想，而不是离开它。""我们从来不是以旁观者的身份，对待各种事物。作为党的新闻事业宣传者，要向自己的读者宣传马克思主义——共产主义思想体系，要做好启蒙的教育工作，争取人们逐步提高共产主义觉悟，成为有理想、有道德、有文化和遵守纪律的人。"②在主流观点仍占据统治地位的同时，新闻界也有了多样化思想的苗头，新华社社长穆青对"散文化新闻""实录性新闻"的提倡，就是试图从形式层面冲破新闻报道的那些清规戒律。

---

① 沈世纬：《强化记者的主体意识》，《新闻记者》1993 年 7 月。
② 安岗：《新闻事业的春天》，《中国新闻年鉴》(1982 年)，社会科学文献出版社 1982 年版，第 210 页。

不过，80 年代前期的新闻改革仍然是在官方意识形态的框架下，探讨一些改良性的措施，直到 80 年代中期，当我国思想文化界开始从传统文化的渊源以及中西文化的对照中探讨中国改革的现状和问题时，一批中青年记者受此启发和影响，他们深层的主体意识迎来了一次顿悟，在许多新闻记者身上，我们可以观察到那种学者式的思考和追求，也可以体会到一种全新的文化意识正深深地影响着他们。正是由于这种充沛的文化意识，他们大胆地冲破了"宣传"思维范式的框架，从新闻界长期遵循的政治化总体逻辑中挣脱出来，开始用全新的思维和视角来观察生活，反映社会，完成了作为新闻传播者主体意识的一次升华。在他们身上，我们看到更多鲜明的个性意识，个性意识的树立也必然使集体意识单一价值观受到挑战，而个性意识正是主体意识的重要表现形式，为了强调这种意识，有记者甚至用《我就是我》来为自己的文集命名。主体意识同时还指向深沉的人民意识，"扎实地读懂中国社会这本大书，用学者的眼光观察和审视生活"。当然，最重要的，主体意识是对自我精神独立性的确认，不做任何一种理论的奴仆或组织的传声筒，"宁愿用不够准确的语言去表达一个新的趋势、观念和社会现象，也不愿用无懈可击的语言去表述众所周知的事实"。[1] 无论是对事实的选择，还是对事实的观照，都建立在主体的思想上。正是主体意识的确立，新闻工作者的质疑精神和批判意识才逻辑地生长出来。

2. 质疑精神和批判意识的彰显

新中国成立后很长一段时间，中国的新闻媒介与政治力量的结合非常紧密，结果必然是新闻媒介成为"工具"和宣传的功能单一，记者的主体性萎缩，成为集体意识的代言人，1980 年代中后期，随着新闻传播者主体意识的确立，人们开始重新审视新闻与宣传、新闻与政治之间

---

[1] 《反思·奋起·创造——中国青年报和人民日报部分青年编辑、记者座谈摘要》，《新闻战线》1987 年第 12 期。

关系的合理性，表现出极强的质疑和批判精神。

　　要解读这个时期新闻传播者的质疑精神和批判意识，就无法避开当时的思想状况。整个 80 年代，是要在"文化大革命"所造成的精神废墟之上，重建人文精神的王国，因而兴起人文思潮。1985 年左右无疑是思潮演进的一个拐点：一批精英知识分子开始了现代启蒙的追求，人文思潮进入第二个阶段，1984 年到 1985 年左右成为"新启蒙"运动又称"文化热"的发端，此时也是新旧意识形态交替的转折时期。旧意识形态价值体系开始瓦解后，对诸多"传统"价值和观念的反思和质疑就不可避免地产生了。新闻界的改革就是在这一思想状况和时代背景下展开的。80 年代的"名记者"张建伟在多年后谈到："1984 年，那是中国自改革开放以来正在'拨乱反正'的时期，怀疑精神——多年后我才知道，它是科学精神——正在悄悄降临到这片从不准怀疑既定的东西的国土上。"[1]承载质疑精神和批判意识的正是以张建伟为代表的 80 年代深度报道记者，他们创造深度报道这种崭新的文体样式和新闻报道种类，从题材、手法特别是思维方式上，呈现出反传统的精神气质，具有突破性的变化。作为一种崭新的报道样式，深度报道对新闻界固有的报道模式产生了冲击，也促进了新闻改革的深化。现在看来，深度报道的出现与当时的社会心理需求直接相关，也与当时新闻业发展不够成熟有关。而最有价值的还是它体现出的思维方式，以及其中彰显的新闻传播者对"传统"新闻观极强的质疑和批判精神。

　　深度报道的重要特点是"证伪"性思维，它所针对的是宣传范式下的"证实"性思维，这种思维方式是要求记者把宣传党的方针政策作为唯一使命带来的结果。社会学家的论述为我们分析这一新闻模式提供了独特的视角："在权力高度集中的传统计划经济社会，身份取向是比较突出的。身份社会所蕴含的'定性、划线、贴标签'的思维方式主要体

────────────────

　　① 　张建伟：《深呼吸——未曾公开的新闻内幕（下）》，经济日报出版社 1998年版，第 14 页。

现在：事先设定，凡事总是预先问其性质、身份和名分，然后归类排队、贴上标签，上纲上线；抽象争论，热衷于争论事物在性质上的两极对立和身份上的高低，把两极对立看成视察一切事物的思维方法和高于一切的唯一标准。"①这一思维方式运用到新闻中则体现为所有的新闻报道都可以纳入"正""反"两大类，"正面报道"是宣传先进，"反面报道"是批评落后，越是趋向"两极"的事实或人物，越具有新闻价值，而广大"中间地带"则因为"不典型"很少被报道。多年来，中国的新闻工作者已经习惯于"证实"性的思维方式，并自觉地将"证实"置于"政治审视"之下。"那时，我们还没有对所谓'先进人物'的报道，有过后来的怀疑和反思。所谓先进人物的报道，一定要写成'典型报道'，这是前辈记者教给我们的，是我们当时绝不怀疑的先验性经验。"②于是，新闻报道在很大程度上就是为事实赋予"意义"，这让已开始脱离"传声筒"角色的记者不由发出疑问："记者便是干这个的吗?"这个问题代表了那个时代很多新闻工作者内心的疑问。

伴随着"新启蒙"运动的涌动，1980 年代中期后，记者以精英身份出场，他们带着全新的理性思考，对几十年来新闻惯常使用的宣传模式提出质疑和批判，深度报道记者就是其中最杰出的代表。1985 年，当《大学毕业生成才追踪记》问世后，已有业内人士开始注意到："那时候开始了新闻范式的转化。传统新闻观开始崩溃，新的东西开始产生。"③自 1985 年底至 1988 年的短短三年中，出现了一批引起社会广泛反响的深度报道，比如《中国青年报》的《护士职业调查札记》《青年厂长经理改革探索启示录》《第五代》《中学生系列调查》《西部贫困探源》《命运备忘

---

① 李江涛：《阶层关系：对传统身份社会的冲击》，《开放时代》1994 年第 4 期。

② 张建伟：《深呼吸——未曾公开的新闻内幕（下）》，经济日报出版社 1998 年版，第 9 页。

③ 李大同：《记者是"好事之徒"》，《知名记者清华演讲录》，人民日报出版社 2003 年版，第 108 页。

录》《中国铁路悲歌》《三十万临时工在深圳》等，以及《经济日报》的《关广梅现象》《一个工程师出走的反思》，《人民日报》的《中国改革的历史方位》《鲁布革冲击》《改革阵痛中的觉悟》等，这些报道反映的都是改革中最敏感的新问题、新现象、新矛盾，文中充满作者对这些问题的多层次、多侧面的反思，更不乏对社会弊端和滞后观念的揭露和抨击，具有强烈的批判色彩。

张建伟的《大学毕业生成才追踪记》之所以被视为深度报道的开篇之作，就是因为报道中首次突破了"非黑即白""非好即坏"的两极式典型报道模式，"不是在报道成才的和未成才的大学生，而是在探讨他们成才或未成才的国家体制、社会环境和个体素质的诸种制约或激励因素。因此，报道的选材方向为之一变，不再是'特别好'和'特别坏'的'两极'，而是选择最具普遍特征的'中间地带'，进行'全方位扫描'"。① 1986年，樊云芳的《一个工程师出走的反思》同样是"中性报道"的典范作品；《定远农村青年恋人"私奔"采访记》这组报道运用了一种既不简单肯定，也不简单否定的分析方法，给读者留下了充分的独立思考的机会；《人民日报》的《鲁布革冲击》，以冷静的理性思维对管理体制中种种敏感的问题进行了剖析，展示了道德情感与经济规律的碰撞和摩擦，给人们以猛烈的冲击和启示；1987年，《经济日报》策划刊发的《关广梅现象》以一个极富争议性的人物——关广梅作为报道对象，引导人们关注和思考人物背后的敏感历史问题。关于大兴安岭特大火灾的"红、黑、绿"系列报道，记者跳出灾害报道等于救灾报道的窠臼，问题直指管理体制弊端、官僚主义作风、生态意识淡薄等问题。在中国新闻史上，"政治化"灾害报道的强大功能是歌颂"水火英雄"，灾难中的悲剧性则要被消解，灾难背后的深层次原因则要避开，而关于大兴安岭特大火灾的"红、黑、绿"系列报道显然冲破了这一定势。

1980年代的深度报道一度成为"解放"了的新闻，具有文化上较为

---

① 张建伟：《我与深度报道》，《青年记者》1995年第1期。

浓烈的开放性和反思性，而深度报道所代表的新闻现象和新闻观念的出现，与当时宽松的政治环境有关，新闻的触角得以伸向传统体制和观念下形成的"禁区"。"从新启蒙运动开始，知识分子慢慢地从体制中心向体制边缘发展，向民间发展，开始建构起一个民间的思想界。民间思想界的建构与知识分子的独立意识，是他们试图在权力系统之外建立一个独立的思想文化系统。"①80年代中后期，也就在新启蒙运动兴起之时，新闻界也逐渐开放理论话语空间，在关于新闻的认识上，以"启蒙主义"的"精英"文化为背景的启蒙话语对主流意识形态的革命话语和阶级话语发起了挑战，欲与传统政治土壤上产生的宣传观念相决裂，体现出强烈的质疑和批判精神。如何评价在这个特定时代背景下所产生的新闻现象？我们应该认识到，质疑和批判的意义不在其内容本身，而在于它所指向的精神价值，正是质疑和批判精神的彰显，为中国新闻业开始摆脱政治话语的羁绊并向现代新闻传播迈进提供了可能。

三、回归真实和客观

1980年代的激进主义文化思潮伴随当时的社会条件和环境而生，但当条件和环境发生变化后，这股思潮逐渐走向衰落。由这个时代催化出的深度报道也在经历了辉煌后逐渐沉寂。当然深度报道的出现与衰落还与媒体在不同历史时期要实现的社会功能有关，而后来在对深度报道的反思中，有一点反复被人提起，那就是无法遵从事实和理性原则，记者的主观成分太多，使新闻的客观性遭到伤害，"从大量的同类报道可以看出，有一种纯正的新闻所忌讳的精英姿态君临在报道之上，使它的使命已不再是传达信息，而主要对民众进行启蒙工作"。② 在那个"真诚的年代"和"激情的年代"，新闻还远未"成熟"。

90年代以后，给整个社会带来最深刻影响的是市场经济体制的建

---

① 　陶东风主编：《知识分子与社会转型》，河南大学出版社2004年版，第35页。

② 　张建伟：《深呼吸——未曾公开的新闻内幕（下）》，经济日报出版社1998年版，第171页。

立，"1990 年代以来悄悄发生的变化是，随着经济现代化的实现，面对中国经济起飞中所呈露的现代性困境，主流意识形态在保持现代性追求的同时，侈谈主义的少了，研究问题的多了。这当然与所谓后现代消解宏大叙事的精神走向有关，同时也与越来越多知识分子有更多的专业意识和务实态度有关"。① "按照社会学家的观察，从 80 年代到 90 年代，知识分子的'天职感'被'职业感'代替，是解魅的时代的来临在知识分子心灵中引起了巨大变化。"②由此，大部分人文和社会科学领域的知识分子转向了职业化的知识运作方式。

新闻传播领域也发生了同样的转变。首先，大概从 90 年代中后期开始，西方媒体上比较成熟的新闻专业主义被引介到国内，新闻的专业话语逐渐加入与政治话语和经济话语的合奏与制衡中来。国内新闻人在实践中也逐渐摸索着新闻职业的行规和品格；其次，记者开始自觉放弃以代言人自居的政治精英定位，越来越倾向于价值无涉的中立者立场，开始注意用一种较为中立、公正的方式来报道新闻。在经历了"职业回归"的过程之后，新闻界对自身的界定才渐趋合理。

"职业回归"意味着新闻专业主义的驾临。在西方新闻学中，专业主义的核心问题是新闻报道的客观性。客观的新闻学要求对事实进行准确的报道；同时，它禁止在报道中公开地确定立场，而将"客观事实"和"主观意见"区别开来。③ 真实、客观、价值中立是新闻专业主义的核心，同时它也代表一种职业精神的理想化追求，即"自由、客观、真实、全面"，并为公共利益服务。事实上，80 年代以来，自信息概念被引入国内，为了彰显信息意识，越来越多的报道开始注重客观写法，但对源于西方新闻媒体的专业主义的认知则是在 90 年代中后期，在新闻

---

① 高瑞泉、杨扬等著：《转折时期的精神转折——"新时期"以来中国社会思潮及其走向》，上海古籍出版社 2008 年版，第 457 页。

② 沙莲香：《中国社会心理分析》，辽宁教育出版社 2004 年版，第 83 页。

③ 郭镇之：《"客观新闻学"》，《新闻与传播研究》1998 年第 4 期。

实践中，建立新闻专业主义的信念、伦理和规范，已经成为新闻实践的一项重要内容。

胡智峰在总结央视《新闻调查》栏目的成功时认为，《新闻调查》得益于较好地处理了感性和理性、客观和主观、记录与报道这三种关系。① 而制片人张洁在回顾《新闻调查》的历程时，曾对早期节目制作中的情感倾向进行过反思：1996 年《新闻调查》拍摄的第一个样片《西古县村纪事》反映的是因村干部贪污 30 多万斤粮食，村民要求重新选举村干部，却遭到县乡干部压制。在采访和拍摄中，随着对事件了解的深入，编导张洁开始控制不住自己，而摄像的镜头则代表了摄制组的情绪和倾向，仰角拍摄的上访村民，形象高大、丰满；而乡村干部怎么看也不像一个光明磊落、公正廉洁的人。2004 年 5 月，在《新闻调查》开播八周年之际，已经是《新闻调查》第四任制片人的张洁，在国际调查性报道研讨会上，面向来自世界各地的同行作了这样的评述和回忆："这种不加控制的个人情绪的表达，表现了早期《新闻调查》的可爱和幼稚，而西古县村村民也变得越来越敢说话。村民的民主意识令摄制组深为震撼，一天在途经一个湖泊的时候，摄制组听到了一种声音，录音师刘昶录下了这种声音。这是坚冰在春水中融化爆裂出的声音，录音师刘昶说这个声音象征了中国民主意识的萌芽。"②对真实、客观、中立的认识显示了媒体的理性自觉和成熟，而只有在这个基础上，报道才能获得最大的公信力。2003 年，引起巨大社会反响的《被收容者孙志刚之死》一文的记者陈峰认为，这篇报道中最让人满意的地方就是他和另一位记者王雷在孙志刚案件中，没有受到太多情绪的影响，只是做一个冷静客观的记录者，并如实地表达了事实。③ 2007 年，首先报道山西"黑砖窑"的前线记者杨育才在回顾报道经历时，同样谈到了如何在事件面前保持客

---

① 胡智峰：《新闻专业主义的"本土化"途径》，《广告大观》2006 年第 4 期。
② 张洁、吴征编著：《调查〈新闻调查〉》，文化艺术出版社 2006 年版，第 10 页。
③ 陈峰：《把孙志刚案的真相告诉人们》，《南方都市报》2003 年 11 月 8 日。

观和理性。① 以实证科学的理性标准评判事实的真伪，以客观中立的态度来克制情感偏向，都体现出记者受制于新闻专业规范的自觉与自律。

从 80 年代的质疑、批判精神和精英立场到 90 年代的"价值无涉"、客观中立，从对宏大社会全景的深层思辨和激情表述到对事实或人物的客观、平衡的报道，这种变迁是新闻业在宏观的政治、经济转型背景下所发生的巨大变革在观念层面的体现。从文化和社会思潮的角度来观察这一变迁是一个重要的视角，我们可以这样理解：以启蒙、现代性、反思等话语组成了 80 年代特有的"隐喻性表达"，到了 90 年代以后，"世俗化"潮流的登场迅速瓦解了这些话语存在的基础，伴随精英文化的"沦落"及 90 年代以来新闻传媒生态的全面转型，新闻从业者的价值、立场、观念也相应发生改变。曾经在 80 年代引领新闻报道时尚的张建伟在其自述中谈到：从 1992 起，开始转向"记录"，把历史的一个片段、社会的一个片段记录下来。这是我告别"主体新闻观"的标志。② 这段话在一定意义上是对 90 年代以来新闻观念转变的一个注解，从主观到客观，从参与到记录，在新闻报道中，"无形的意见"最终取代了流荡着激情、承载着启蒙愿望的报道方式，新闻也开始回到"常态"。

但变迁并未改变新闻报道的内在精神气质，那就是对社会不公、邪恶、愚昧、荒诞、专制、腐败等社会现象的否定和批判，并一以贯之地体现出一种对社会和人的关怀以及对社会进步的渴望。新闻专业主义的价值旨归，就是对社会责任的承担和对"公共利益至上"的呼唤，以报道推动社会整体的进步和发展。尽管新闻报道在叙述风格上表现出中立、客观的特点，但这并不是丧失立场，而是真正摆正自己的位置，谨慎看待手中话语权力的一种成熟理性的表现。对于许多新闻从业者来说，对自身所负"天职"的自觉意识，从 80 年代至今，并无变化。只是

---

① 郑馥璇：《角色与立场——新闻专业主义在"黑砖窑事件"报道中的呈现》，《西南交通大学学报》2008 年第 1 期。

② 张建伟：《深呼吸——未曾公开的新闻内幕（下）》，经济日报出版社 1998 年版，第 303 页。

80 年代起主导作用的是政治使命感，而在当下，对职业立场的强调更加突出。

第三节　理性精神观照下的新时期新闻传播

40 年新闻传播的发展，是确立和建构理性精神的历程，在某种程度上，理性精神已融入新闻价值观，影响着新闻从业者的行为和媒体的新闻表现。但由于体制性因素和传播者主体方面的原因，在当下的新闻传播中，仍然存在一些有违理性精神的新闻现象。

一、"意义"与事实的关系定位模糊

理性精神在新闻传播中的恢复与建立，其重要表现就是以单一的国家政治意识形态作为新闻报道的核心价值取向逐渐向多元价值并存的观念体系靠拢，新闻开始从宣传走向报道，从"呈现意义"向"报道事实"转变，新闻逐渐回归到本质，就是报道事实；但在中国现有的新闻语境下，事实与意义的关系仍然显得扑朔迷离，二者的关系定位仍然模糊。

2008 年汶川地震期间，一位摄影师拍摄了一个男人用一辆摩托车载上他在大地震中死去的妻子的图片，图片最早发表在英国《每日邮报》2008 年 5 月 15 日头版。这张图片后来被国内媒体大规模转载，成为当时关于汶川地震报道中最经典的画面之一。随着图片大量出现在各大报纸的版面上，主人公吴家芳也被媒体连篇累牍地报道，并赋予他"最有情有义的形象"，成为媒体争相树立的"道德典范"。但地震半年后，主人公吴家芳又结婚了。由于他的迅速再婚，使得之前那些对其在道德上褒扬和赞美的媒体变得有些不知所措。而也有一些传媒很快"挖掘"出了其中的"新闻"因素，于是追求轰动效应的商业化炒作加入进来，对他追访不断，最后演变成各家媒体合力促成的"吴家芳事件"。

从媒体对这件事件的反应来看，过去"传统"的典型人物报道观念对新闻传播者的影响是非常深远的，记者在有意无意地"拔高主题"。

其实，吴家芳的行为只是大灾难后的人性证明，并不适合被赋予太多象征意义，也不应该在道德上人为拔高，媒体的报道明显有刻意追求"主旋律"的主观宣传色彩，试图为本不具备太多意义的事件和人赋予"意义"；而传媒刻意制造轰动效应的利益主义原则也使主人公彻底"被工具化"了，并最终将"悲剧"变成了"闹剧"。一方面是"意义"凌驾于事实，另一方面却是意义的虚无，这种状况几乎成为此类事件在媒体上无法逃脱的怪圈。

2004 年 6 月，复旦大学毕业生、诗人马骅在他支教的云南藏族村落因车祸坠入澜沧江。随后，一些媒体将其塑造为一个支边英雄，由于媒体的大肆宣传，云南省委发起深切悼念马骅并向他学习的号召，云南省教育厅也号召全省教育工作者向马骅学习；而在马骅曾学习和工作过的上海，团市委和上海青年志愿者协会还专门举行了"学习马骅先进事迹，弘扬志愿服务精神"——赴云南省迪庆州德钦县明永村小学支教服务志愿者招募活动，在青年中引起赴云南志愿服务的热潮。而另一些媒体则开始关注其生前的私生活，指出他是因失恋而选择去偏远地区支教。在媒体的报道中，马骅忽而变成了一个具有崇高道德修养的神，忽而变成了因失恋而走进雪山的颓废者。而马骅的朋友则说，他只是一个诗人，一个追求自己行为方式和理想的人，媒体不应该随便拔高他，也不能随便降低他。①

无论是以意识形态本位立场给事实赋予"意义"，还是在利益至上主义原则下消解真正的"意义"，都会使事件和人物变形，离真实的事实越来越远。当社会整体的价值观趋向于二元的价值体系时，媒体和新闻传播者的立场成为关键因素，它会最终决定新闻真实的总体景象。"新闻主体想把什么样的真实景象呈现给人们，想让世界看到什么，其中必然蕴藏着新闻主体的传播目的和价值理念，即必然反映着

---

① 《还原马骅：他绝不是因失恋去雪山支教》，《新京报》2004 年 7 月 8 日。

新闻主体的新闻观。"①对于传播者来说，应该充分认识到，在一个多元价值体系的社会中，以宣传本位为立场来采用一元价值观统摄丰富的社会现象的做法，已经不适应社会的发展和受众的心理需求了。在社会转型过程中，市场经济对社会生活和思想观念进行了重构，人文思潮也在冲击和改变着固有的价值观念，在市场化改革对中国人精神生活的影响中，国家意识形态与个体信仰的相对分离是一个非常重要的方面。改革开放以来，以个人和市场为轴心，社会不断地发生分化，开始从"国家主义""集体主义"转向"个人主义"，人们对"个人"的关注显然超越了对"国家""集体""民族"等抽象概念的关注。"个人主义"的确立带来的直接后果一是对政治、主流意识形态和"宣传"的疏离，二是价值观念的多元化和多样性。在这种情况下，媒体所采取的价值取向变得尤其重要。在一个价值多元的社会，媒体已经不可能充当价值评判的主审官，只能在尽力保持基本的主流价值观的前提下，容纳不同价值观的存在。试图以"意义"来规约事实不是一个成熟的媒体和具备理性精神的新闻传播者的选择，同样，丧失理性精神的利益至上原则也会影响事实的呈现，而这些对一个正在迈向现代化的社会是至关重要的，因为理性精神的价值旨归是在致力于推动社会观念现代化的同时，又对现代化进程中出现的利益至上现象保持清醒的批判。

二、情感与理性的失衡

"新闻价值的实现，包括事态信息的感知、情态信息的体验和意态信息的传达等。情态信息分为事实本身所包含的情态信息和传播主体在文本中表现的情感信息。"②可见，情感信息是新闻本身具有的一部分。但情感不是一种简单地对对象做出反馈的心理形式，而是一种主体同对

---

① 杨保军：《新闻真实论》，中国人民大学出版社 2006 年版，第 113 页。
② 杨保军：《新闻价值论》，中国人民大学出版社 2003 年版，第 128 页。

象的关系的心理反馈形式。由于情感表现为体验，而且是反映主体对对象的关系，因此，主观色彩、情绪色彩比较浓，常常在反映主体同对象的关系中，显露出主体的价值态度。正因为情感具有的这种特性，新闻专业主义和新闻传播理性精神要求尽量排除记者的个人感情，从而保证新闻的客观性和真实性。

情感与理性的失衡有时会表现为传播者以自己的价值判断和道德立场影响对事实的判断和报道，在情感基调上偏袒某一方。1990 年代以来，社会的两极分化现象日趋严重，城市与农村之间发展日益失衡，中国社会开始出现一个越来越庞大的"弱势群体"，由于制度性缺陷导致他们的利益诉求一时难以充分表达，在一个相当长的时间内，为"弱势群体"说话、针砭时弊成为媒介服务的热点和潮流。尤其是当党报还未能有效及时地关注这一社会变化时，一些 90 年代兴起的新锐市场化媒体开始广泛地关注社会问题和矛盾，一些报道呈现出一种基于底层民众的疾呼与愤慨的情感基调，甚至出现先于事件本身进行定性分析或事实与评论不分的现象。也就是在这个时期，一些媒体和栏目恰逢其时地出现，在某种程度上充当了社会情绪排泄的出口。尽管 90 年代后专业主义精神逐渐在业界形成一种自觉意识，人们开始警惕新闻在情感信息方面的偏差，而更加看重新闻报道的理性和建设性。但在当前的媒体报道中，情感与理性的失衡现象依然大量存在，其更多表现在许多媒体在道德与市场的默许下去迎合民众情绪，丧失媒体本该具有的独立立场。

2006 年 1 月，沈阳《华商晨报》刊登了年家庭收入只有 4000 元的东北一农民家庭向六位榜上有名的中国富豪级企业家求助的故事。这个农民家庭仅 11 个月大的婴儿因患先天性心脏病而命悬一线，东拼西凑借来了 6 万多元只能支付一周的医药费。于是，孩子的父亲给中国的富豪们写了一封求救信。《华商晨报》刊登了求救信的全文，并以连续追踪报道的方式详细报道了各个富豪们的不同反应。随后，北京的《竞报》于 2006 年 1 月 26 日整版转载了该故事；《北京青年报》的评论版连续三天发表相关评论文章，其他报纸也发表了相关评论。① 在关于这个事件的报道中，媒体以弱势人群代言者的身份对富豪们接到求助信件的反应进行了逼问式的报道，在媒体如此明显的价值立场的影响下，读者的目光很容易被聚焦到转型社会贫富差距的问题上，继而引发社会不满情绪，而新闻背后真正需要理性思考的许多问题却被忽略了。近年来，由于网络越来越成为舆论的中坚力量，许多社会情绪因媒体无法给予正确引导而更加激烈。2009 年 7 月 24 日，吉林通化钢铁公司因股权调整引起职工不满，民营企业派驻的经理被打死。许多新闻跟帖赞扬通钢："工人阶级了不起"，还有人称"打死个把资本家有什么了不起"。②

　　由于情感与理性的失衡，媒体对这些社会事件的报道无法做到客观公正，在一些重大社会问题上不能为社会大众提供理性的判断，这在一定程度上削弱了公众对新闻话语的信任和敬畏。还有一些媒体似乎以民众代言人的身份讲话，但由于对社会整体发展趋势缺乏准确的判断，在"公共话语"的伪装下消解了社会责任和理性精神。2000 年以来，专业主义理念逐渐在业界建立，改革浪潮也趋于稳定成熟，整个社会更呼唤那种具有理性沉淀和思想建设意识的新闻报道，以启发民众心智，疏导社会情绪，那种"刚猛"的报道方式已经结束了其历史使命。在当下，更应该提倡一种"进步主义"的新闻观，真正在公众利益的维护上有所建树，而这来自媒体自我意识的完善。

---

　　① 杨击：《穷人、富人和传媒正义——解读新闻生产中的平民主义策略》，《国际新闻界》2006 年 2 月。
　　② 赵红玲：《主流传统媒体社会理性精神分析》，《新闻记者》2010 年第 2 期。

第四章 民主观念与中国新时期新闻传播

民主观念是人文主义思想的重要内容，因为民主是保证人民当家做主，使人的权利得到保障与实现的必要手段。历史的经验证明，当民主被践踏的时候，人的情感、尊严、价值、权利也会被践踏，人文主义也不可能实现。人文主义与民主的关系，总结起来说，就是内容与形式、目的与途径的关系。新时期以来，随着民主政治的发展，我国经历了从"个体人"到"经济人"再到"公民人"的解放，从物化的、没有个体利益诉求的"螺丝钉"，到今天普遍认同"以人为本"，中国人的思想经历了深刻的变革。随着个人从笼统的人民概念中逐渐清晰和独立，中国民众和政府共同培育了自身的民主观念。民主观念的确立和深化就是对以人为本价值的追求和实现，是人文主义思想的胜利。在这一背景下，民主观念在新闻传播领域也得到不同程度的体现，新闻传播政治功能得到不断丰富和完善；但中国民主政治建设的复杂性又在一定程度上制约着新闻传播政治功能的进一步发挥。

第一节 民主观念与新闻传播

一、民主观念的历史源流

无论从传统定义还是从现代定义来看，民主首先是指政治民主。民主（democracy）一词源于古希腊时期，亚里士多德就曾经大量使用民主这个词来阐述他的政治构想，做出了至今仍然深有影响的政体划分。在古希腊语中，民主一词由"人民"和"权力"构成，意即"人民的权力"或"人民的统治"。经过几千年的发展，今天，民主既是一种政治制度，也是一种政治观念，在不同的民主观念下，有着不同的政治制度，而这些制度都贴着民主的标签。在当代世界，民主虽然已经超越了民族国家、意识形态、文化传统的界限和差异，政治民主化成为普遍性的政治价值取向，但是，民主观念却是千差万别的，对民主概念内涵的理解各具特色，各有千秋，以至有许多学者感叹："我们生活在一个以民主观为特色的时代里。"①

要辨析民主观念的差异是困难的，这也是政治学界的难题，但我们大致可以按照西方民主观、马克思主义民主观这两种类型来进行阐述，而马克思主义民主观正是中国政治制度的指导理论和价值取向。这两种类型的民主观念针对以下三个方面的问题做出了不同的回答：第一，民主的主体是谁？第二，人民应该如何实行民主统治？第三，民主统治的范围是什么？

1. 西方民主观

古希腊是西方民主的源头，但是，现代西方民主观念经过三波政治民主化浪潮②之后，与古希腊的民主观念已经有很大的差异。近现代民主化浪潮的主要特点是与社会现代化进程紧密联系，产生了多种多样的观念，如自由民主理论、精英民主理论、多元民主理论、民生理论。在这其中，影响最大的是自由民主理论，其在西方民主观念中占据主导性地位。自由民主理论认为，国家不仅要举行选举，还要实行法治，对行

---

① ［美］乔·萨托利：《民主新论》，东方出版社1998年版，第7页。
② 第一波民主化浪潮大约是从16世纪的资产阶级革命开始，至20世纪30年代，美、英、法、德等西方主要国家进行了民主化过渡；第二波民主化浪潮始于第二次世界大战后，随着法西斯政权的瓦解和西方殖民体系的崩溃，在欧、亚、非、拉等地出现了大批的民主国家；第三波民主化浪潮始于20世纪70年代，至今尚未结束。

政权力进行限制，保护个人的言论、结社、信仰和参与等方面的权利和自由。

虽然，西方的民主观已经多元化，但是，这些民主观都根植于西方的历史文化传统和现代社会现实，不同的理论之间依然有很多相同的基本点，它们构成了西方共有的民主观。

第一，人民主权观念。人民主权强调主权在民，但并不是人民亲自统治，而是通过选举选出统治他们的代表。所谓选举，就是人民即为选民，享有公民政治权利，通过实施自主性的选举权和被选举权来行使自己的权利，如此，每一位公民既是统治者也是被统治者。选举是实现人民主权的唯一途径，如果选举被操纵，自主性的前提就不存在，就不能体现人民主权，民主政治也就不复存在。

第二，宪政观念。宪政即"限政"，是用宪法制约绝对权力并保障个人权利的制度。宪政制度首先是建立分权制衡制度，把国家权力分为相互独立并相互制约的立法、行政、司法三权，以权力制约权力，防止任何权力的绝对化；其次是建立个人权利制度，将私人领域与公共领域区分开来，划定公共权力（政治权力）的边界，以宪法作为私人权利的保障，防止公共权力侵犯私人权利，即使是民选的政府也不得违背保障个人自由的宪法。

第三，共和观念。共和与专制是相对而言的，它认为政治权力即是公共权力，是"国家公器"，它既不为任何人、任何党派和利益团体所私有和垄断，也不能偏袒其中任何一方的特殊利益，只能为公共利益服务。否则，即为公权私用，是违背民主原则和目标的腐败行为。

2. 马克思主义民主观

马克思主义认为，民主是一种国家形态，列宁曾明确指出，民主就是"承认少数服从多数"。马克思主义的民主观承认历史上的民主类型相互间存在着共性和继承性，也承认作为民主要素的选举、监督等权利和民主制度的形式本身，认为民主共和国不仅是资产阶级的政治统治形式，也是无产阶级政治统治的可能实现形式。因此，在马克思主义政治学理论中，民主保留了"人民的统治"的含义，但其认为只有建立起无产阶级专政的国家，对少数人实行专政，才能真正实现"多数人的统治"的民主。

马克思主义民主观超越了资产阶级的纯粹民主和绝对民主，是民主理论发展史上的巨大飞跃。归结起来说，马克思主义的民主观可以概括为以下几个方面：

第一，指出了民主的阶级性。马克思主义对国家的界定是从阶级的角度出发的，认为在阶级社会里，只有具体的和阶级的民主，而没有抽象的和超阶级的民主。民主总是由统治阶级所享有，而被统治阶级则是专政的对象。因此，在资本主义社会，资产阶级的民主对于无产阶级来说就是统治和压迫的工具。无产阶级要取得民主权利，必须实行暴力革命夺取国家政权，获得自身的解放。首先要争得政治上的民主，无产阶级民主的本质是广大劳动人民当家做主。

第二，强调了民主的历史性。马克思主义的民主观从唯物史观出发，认为民主是政治上层建筑，其起源和基础是经济，发展的动力是生产力和生产关系、经济基础和上层建筑的矛盾运动，因此，民主是历史性的，每一个时代的民主都有其时代特征，从而说明了民主的产生、发展和消亡的客观规律，也说明了民主的进步与经济发展之间的辩证关系，指出了民主是不断向更高类型、更高层次发展的。

二、民主政治与新闻传播的相互作用

1. 新闻媒介本身具有一定的政治属性

新闻媒介一般来讲，就是指复制和传递新闻信息的媒体，包括报纸、广播、电视等。新闻传播的过程为：事实—传者—新闻—受众。从这个路径中我们可以看到，新闻是由传者传递给受众的，传者即新闻传播者，也就是我们日常所说的新闻工作者。那么传者依靠什么来传递新闻呢？就是依靠新闻媒介。这一过程可以作进一步划分：事实—传者—新闻事实—新闻媒介—新闻—受众。可以说新闻媒介是传者将新闻传递给受众的桥梁，是新闻传播赖以实现的中介。从这里可以看出，新闻媒介作为一种物质性的传播工具，其本身是无任何意识和思想的，它在本质上就是一种工具，是为传者所掌握的，它的存在是以传者为前提条件的。在新闻传播的过程中，它同传者相联系，充当着复制、传播新闻的角色，传者给予它什么，它就传播复制什么内容。所以说，新闻媒介是作为一种工具而存在的，它是离不开新闻传者的。因此我们可以这样认为，传者的性质决定着新闻媒介的性质，有什么样的传者就有什么样的新闻媒介。

我们知道，个体的存在总是受一定的社会关系所支配的。在阶级社会里，阶级、集团和党派的存在，决定了任何个人都要以不同的方式隶属于它。马克思在揭示人的本质时，就深刻地指出："人的本质不是单个人所固有的抽象物，在其现实性上，它是一切社会关系的总和。"①马克思从社会的角度，揭示了任何个体都是不可能摆脱一定的社会关系这一不变的真理。一切精神生产者，其意识活动是不可能离开一定的社会关系的，新闻传者也是如此。作为一个独立的个体，其也是身在一定的阶级、集团和党派之中的，其意识活动是不可能离开一定的社会关系的。只要阶级、集团、党派还存在，阶级、集团、党派的意志就要支配着隶属于它的个体，也就是说，隶属于一定阶级、集团、党派的个体，必须按照它们的意志、利益来行动。列宁说："日常的宣传和鼓动必须具有真正的共产主义性质。党掌握的各种机关报刊，都必须由已经证明是忠于无产阶级革命事业的可靠的共产党人来主持编辑工作。"②由此可见，新闻的传者都是烙着浓厚的阶级色彩的。那么新闻媒介作为一种物质性的工具，当它同新闻传者紧密联系起来时，它的物质性就不存在

---

① 《马克思恩格斯选集》第 1 卷，人民出版社 1995 年版，第 60 页。
② 《列宁选集》第 4 卷，人民出版社 1995 年版，第 251 页。

了，它也带有了阶级、集团、党派的属性，这就是新闻媒介的政治性。

在阶级社会里，新闻媒介的政治性主要表现为新闻媒体在一定程度上是为政治服务的，是为统治阶级的利益服务的，国家是大众传播媒体的管理者和政策制定者，每个国家都会针对新闻传播活动制定相应的方针、政策，这带有鲜明的阶级性，体现着统治阶级的意志。"传播产业和其他的经济部门不同，它曾经完全由国家拥有，或者说，即使它不完全是国家机器的一部分，也通过国家预算的分配、政策的监控以及规范的过程与广泛的国家职能紧密结合。"①不同的阶级属性决定不同性质的新闻媒介，决定了它为谁说话。但不论在什么样性质的阶级社会中，一切新闻媒体报道都要遵循本国制定的新闻方针、政策和指示，不得违反这些相应的规定。

2. 民主政治对新闻的制约作用

新闻自由虽然是民主政治的一项基本权利，从表面上来看它不应当受到限制和束缚，但是实际上并非如此。新闻活动，它作为一项社会性的活动，总是在一定的社会环境中和社会条件下进行的，它不可能是一种孤立的行为。在一个社会系统之中，它必然会涉及方方面面的利益关系，而这种涉及他人利益关系的社会行为必然是要受他人制约，受社会控制的。在阶级社会当中，统治阶级与被统治阶级的利益关系是最大的利益关系，民主政治作为统治阶级维护其统治的一种社会制度保障，它必然要对新闻产生一定的制约作用。具体来讲就是国家对于新闻自由的一种社会控制，即用某种特定的社会规范作用于人的新闻自由，而其中最为重要的方式就是通过法律来约束它。

法律是一个国家的社会行为规范的总和，它作为一个国家统治阶级的意志规范并控制着社会的一切行为与活动，是国家利益的根本体现，

---

① ［加］文森特·莫斯可著、胡正荣译：《传播政治经济学》，华夏出版社2000年版，第178页。

其目的是为了建立和维护统治阶级政权的稳固，所以法律在赋予人民权利的同时也同样要求人们履行相应的义务。新闻传播活动即是公民享有的一项政治权利，但作为一种特殊的社会行为方式，它同样是受法律制约的，也就是说新闻自由必须在本国法律规定的范围之内，这种自由是"有限的"。具体来讲就是通过制定宪法和相关的新闻法律法规来对其实行控制。宪法作为国家的根本大法对于国家社会生活的各个方面有一个总的规范，体现着国家的根本利益，具有最高的法律效力，其他一切法律不得同宪法相违背。新闻法律则规定了在新闻传播活动中需要遵守的一些具体的行为规范，它不能违反宪法，必须根据宪法的基本原则和精神来制定实施。

　　法律作为民主政治对新闻的一种强有力的控制手段，自然要对新闻自由做出规范。这种规范包含两个层次的含义：一是法律要直接对自由和权利加以限制。例如，我国现行宪法在承认"中华人民共和国公民有言论、出版、集会、结社、游行、示威的自由"的同时，又规定"中华人民共和国公民在行使自由和权利的时候，不得损害国家的、社会的、集体的利益和其他公民的合法的自由和权利"。二是法律明确规定了哪些事是可以做的，哪些事是禁止做的，这对新闻自由同样具有法律效力。也就是说，法律规定了新闻自由的范围，一切新闻活动都必须在这一法律范围内进行，不得超越和违反法律。如果超出了这个范围，将会受到法律的严厉制裁。

3. 新闻对民主政治建设的反作用

　　新闻虽然受到民主政治的制约，具有一定的政治性，但是新闻自由作为一项基本的政治权利也是必须加以保障的，因为新闻可以推动民主政治的发展，对民主政治具有反作用。新闻自由是其中极为重要的一部分，因为民主政治要健康运行，须以民众有权享有表达自由作为前提。民众必须能够通过报纸、电视、网络等各种媒体，就国家的公共事务进行公开的讨论；同时，政府必须随时回应来自民众的意见和呼声。表达自由的前提是信息的自由流动，这是民主政治得以开展的前提，也是衡量政府是否民主的标准。

民主决策的制定需要见多识广的民众，同时决策只有反映了民情才能说它是民主的，所以新闻自由必须得到有效的保障，通过大众传媒自由报道与政府有关的各种信息，民众畅所欲言，积极参与国家政治生活，才能让政治切实体现在每一个公民个体上，才能真正地将政治维系并发展下去。即使公民所表达的观点与国家政府的观点相差甚远，但只要有这种表达的自由，可以向社会表明他们的立场和观点，即使声音不同，也是一种对其主人身份的建构与确认，人民当家做主正是民主政治的真谛之所在。新闻自由如果能够得到充分的实现，大众传媒如果能够成为民众表达政治意愿的场所，媒体就能够发挥限制政府权力的作用。媒体通过及时发现政府的不当之处，将其暴露在阳光之下，引起公众的批评和关注，起到监督和纠错的作用，从而确保政府权力的运作保持在一个相对合理的范围内，避免了权力的过分集中，有效地推动了民主政治的发展。

第二节　新时期民主观念在中国新闻传播中的体现

新时期民主观念在中国新闻传播中的体现要通过不同阶段新闻传播所发挥的政治功能来考察。新闻传播政治功能的发挥直接受制于特定的社会经济和政治结构，受制于不同的社会生态，它的功能会随着时代主题的变迁而调整，总体来说，新时期新闻传媒所发挥的民主政治功能在不断丰富。

一、新闻传播民主政治功能的恢复

1. 重新肯定新闻传播的批评功能

十一届三中全会后，全党展开讨论，总结 30 多年来的重大历史事件，特别是"文革"的教训。在思想理论战线，邓小平的"没有民主就没有社会主义，没有民主就没有现代化"的指示确立了经济建设和民主建设的基调。此后，中央又发布了一系列文件，对思想理论战线进一步正本清源。十一届三中全会公报规定：宪法规定公民权利，必须坚决保障，任何人不得侵犯，为了保障人民民主，必须加强社会主义法制，使民主制度化、法律化，使这种制度和法律具有稳定性、连续性和极大的权威，做到有法可依、有法必依，执法必严，违法必究，要保证人民在法律面前人人平等，不允许任何人有超越法律之上的特权。十一届五中全会通过的《关于党内政治生活的若干准则》提出："那种本本上有的不许改，本本上没有的不许说，不许做的思想，是一种反马克思主义的思想，是执政党的政治路线的巨大障碍。""党内在思想上理论上有不同认识，有争论是正常的。对待思想上理论上的是非，只能采取摆事实、讲道理、民主讨论的办法求得解决，决不能采取压服的办法。"

这些指导性文件的颁布，使国人享受到了宽松的思想环境，也给中国新闻界带来变革的信息，中国新闻媒介开始反思自己所走过的道路，在一系列理论问题上展开了激烈的争论，比如新闻的属性问题、"党性"和"人民性"问题，给发展中的新闻传播事业带来了适合民主观念生长的环境。

这一时期新闻批评的主题是克服"左"的错误，批评党内存在的腐败现象和不正之风，鞭挞工作中存在的不足和缺陷，以达到纠正党风、政风、法纪以及社会道德、经济活动中的违法乱纪现象，新闻传播的批评功能和民主建设功能凸显。新闻界在开展新闻批评方面出现了一些示范性个案，其中影响较大的有关于山西省昔阳县"西水东调工程"的报道、"渤海2号沉船事故"的报道和商业部长吃"客饭"搞不正之风的报道。关于"渤海2号沉船事故"的报道被认为打破了1949年以来媒体"报喜不报忧""重大事故一般不见报"的潜规则，也突破了我国长期以来批评报道"打苍蝇不打老虎"，不涉及高级领导干部的"禁区"，成为1980年代初新闻媒体开展批评工作的里程碑。这些重大的批评报道成为社会关注的焦点，在读者中引起极大的反响。

随着新闻改革进程的深入，新闻批评形成一种强大的声势。据统计，自 1983 年至 1985 年，全国各媒体报道的有关官僚主义和干部犯罪案件共 476 起。① 新闻批评的范围扩大到政治、经济、文化等社会生活的各个方面。从报道涉及的对象看，既有对党政机关及其工作人员的监督，也有对社会各界的监督，从报道的内容上看，则涉及决策监督、工作监督、法律监督和道德监督等方面。这种大范围全方位的新闻批评是新中国成立以来所未有过的，"这是我国人民群众拥有广泛监督权利的具体体现，是社会主义新闻自由的具体体现"。② 这些批评报道有三大突破：一是突破了对重大事故和重大决策性错误不公开报道的做法；二是突破了对先进典型的缺点错误不公开批评的做法；三是突破了对高级领导干部的错误不公开批评报道的做法。③

这一时期，报纸也非常重视以"读者来信"的方式进行新闻批评。"1977 年《人民日报》恢复《读者来信》专栏，刊登了读者反映群众工作、学习和生活的批评性报道，受到广泛欢迎。"④受到欢迎的原因是：群众有了说话的地方，民主权利得到保障。⑤ 始于 1979 年的全国好新闻评选，在 1981 年新设"读者来信"奖项，1983 年好新闻评选结果显示的重要特点即是：揭露性新闻数量增加，批评性读者来信尤多。人民群众利用新闻讲坛反映自己愿望和呼声的趋势十分明显。⑥ 除《人民日报》等

---

① 转引自单波：《20 世纪中国新闻学与传播学》，复旦大学出版社 2001 年版，第 206 页。

② 方汉奇主编：《中国新闻事业通史（第 3 卷）》，中国人民大学出版社 1999 年版，第 471 页。

③ 方汉奇主编：《中国新闻事业通史（第 3 卷）》，中国人民大学出版社 1999 年版，第 314 页。

④ 《当代中国的广播电视》编辑部编：《中国广播电视大事记》，北京广播学院出版社 1987 年版，第 286 页。

⑤ 《〈人民日报〉读者情况调查》，《中国新闻年鉴》（1983 年），社会科学文献出版社 1983 年版，第 285 页。

⑥ 《中国新闻年鉴》（1985 年），社会科学文献出版社 1985 年版，第 252 页。

中央级党报纷纷开设《读者来信》以外，各部委机关报也都在报纸版面专门开辟有《读者来信》专栏，不定期发表读者来信，成为批评性报道的主要方式之一。比如《南方日报》等都通过"读者来信"的方式，发表过不少语气尖锐、文笔犀利的批评性报道。

　　新闻界重新认识报纸等媒体的功能，"报纸可以沟通情况、交流经验；报纸要表扬好人好事，批评坏人坏事特别是要揭露和打击敌人；反映人民的呼声、要求、情绪、意愿，帮助和监督报纸，帮助和监督政府和党员，来正确地宣传贯彻党的方针政策"。① 简言之，报纸既是党的喉舌，又是党的耳目；既要上情下达，又要下情上达；既是宣传工具，又是对话渠道。一方面，传媒要将人民的意见、关心和期望报告给党以避免党脱离群众，使党的领导能符合人民意愿；另一方面，党则通过传媒教育和鼓励民众，提升他们的精神和意识，坚持批评性报道是坚持党性原则和指导性原则的具体举措，将为党服务和为人民服务合二为一。

　　在对媒体功能重新认识的基础上，新闻界重提新闻批评，无疑是党的政治传统中群众路线回归的表现。在革命战争年代，中国共产党就强调报纸是党联系群众最重要的纽带，要通过报纸反映群众的呼声和情绪。取得政权后，更要通过新闻批评克服官僚主义、不正之风，帮助党及党的干部自我完善，改正缺点和不足，维护党的形象。据统计，《人民日报》从1950年到1954年间，共发表读者来信2072件，内容多数是批评性的。1957年"反右运动"开始后，报纸上批评性的稿件越来越少，几乎绝迹。1963年11月的《人民日报》，整月没有一篇批评揭露性的稿件。② 十年"文革"期间，我国基本没有新闻批评。"文革"结束后，党中央针对"文革"中党的批评和自我批评的优良传统遭到严重破坏的状况，出台了一系列的措施。

---

　　① 戴邦：《对报纸的性质、任务和作用的探讨》，《新闻研究资料》第5辑，社会科学文献出版社1980年版，第7页。
　　② 于洪生：《权力监督——中国政治运行的调控机制》，中国广播电视出版社1991年版，第188页。

1981 年 1 月《关于当前报刊新闻广播宣传方针的决定》出台，该《决定》指出："近年来，许多报纸刊物重视反映群众的意见和呼声，积极地开展批评与自我批评，增强了党和人民群众的联系，也提高了报刊和党的声誉。今后要坚持这样做。""各级党委要善于运用报刊开展批评，推动工作。""对于不正之风，要坚持进行批评斗争。首先是要对二中全会以来党的路线、方针、政策进行抵制或另搞一套，阳奉阴违这样一种不正之风。当然，对官僚主义和生活特殊化的批评和纠正也是必要的，但是这种批评，必须在党的领导下进行。"这个决定一定程度上支持了新闻传媒发挥批评的作用，新闻传媒重新成为联系党和群众的桥梁，党也重新树立了在群众中的形象和威信。虽然《决定》中没有明确提出要运用新闻传媒对党政机关和国家干部进行监督，而"批评要事先听取党的有关部门的意见和被批评者本人的意见"的规定也反映出虽然批评报道已得到官方的认可，不再是宣传的禁区，但仍面临相当的制约和困难。这个时期几乎所有批评报道都在经过批准的前提下问世，还有一些批评报道本身是为配合这一时期党的工作和宣传的产物。在当时，新闻传播政治功能的发挥是很有限的，但不管怎样，新闻批评的出现使人们认识到，向党和政府表达人民的意见是新闻传媒的重要功能，它与向人民群众传达党和政府的声音同样重要。

2. 新闻传播发挥舆论监督功能

1980 年代中后期，民主政治建设成为全国上下的中心话题。在这样的气氛下，中国新闻传播界以空前的热情推动民主政治建设，舆论监督成为新闻改革和媒介政治功能发挥的关注焦点。1985 年后，新闻改革也进入新阶段，"新闻改革的核心问题将是处理新闻媒介和国家的政治运行机制的关系，或者说新闻媒介如何在国家政治生活中发挥自己应有的作用，由此引起新闻媒介的功能——结构转变"。[1] 新闻改革的一

---

[1] 李良荣：《从民主政治建设看新闻改革》，《新闻大学》1988 年第 4 期。

个重要内容就是加强媒体的民主批判和监督功能，伴随着政治体制改革的呼声，和社会生活公开化、透明化的要求，强化媒体舆论监督的呼声越来越高。

1985 年到 1988 年，我国媒体掀起一股舆论监督的热潮。在 1985 年的全国好新闻评选中，20 篇获奖消息中有八篇是批评性报道，其中获好消息特等奖和一等奖的头四篇作品中，就有三篇是批评报道，这在历年的好新闻评选中是极为罕见的现象。这些报道站在民间立场对不良现象甚至政府行为进行批评，这种批评更准确地说不再是上级对下级的指导工作方式，而是监督式的。获特等奖的作品《该注重管理了——向袁庚同志进一言》（1985 年 2 月 28 日《蛇口通讯》）一文影响重大，它开了更高层次上的新闻批评先河，即同级报纸点名批评同级在职的最高领导人，从而打破了一个讳莫如深的新闻禁区，胡绩伟曾经这样评价这则新闻的意义："按照我们的传统习惯。点名批评是不容易的，特别是同级的报纸点名批评同一级的在职的最高领导人，在我的印象中也是没有。这是一个创举。"①1988 年 3 月 16 日《武威报》刊登《人民代表的心里话——行署约请武威市人大部分基层代表座谈纪要》，《纪要》虽然如实地反映了人民代表对农业生产、粮食定购、物价、教育、城市建设、干部作风等方面的批评意见，并经有关负责人审阅后才见报的，但甘肃省武威地委认为"报社处理方式不对"，"打击面太大"，下令把报纸收回销毁，重新编印一期报纸顶替。领导人压制新闻批评的行为，被《中国青年报》以《武威地市领导压制新闻批评大发武威》一文公布于报端，引起社会哗然。

从 1985 年开始，新闻界出现的深度报道促使媒体开始关注与社会、经济、民生等紧密相关的深层次问题，同时也带动了舆论监督。1987 年，全国好新闻评选新设立"深度报道"奖，而获得当年深度报道特等

---

① 胡绩伟：《经济改革需要新闻改革——评 1985 年度全国好新闻评选结果》，《中国新闻年鉴》（1987 年），社会科学文献出版社 1987 年版，第 309 页。

奖的就是《中国青年报》关于"大兴安岭特大火灾"的舆论监督报道。报道一改过去把报道灾情变成歌功颂德的劣风，忠实记录下血与火搏斗的悲壮史篇，同时也揭露了火灾背后的官僚主义猖獗、旧体制结构及管理模式的僵化、人们生态环境保护意识的淡薄等弊端。获得 1987 年深度报道二等奖的《"人为狗吊孝"事件连续报道》(云南《文山报》)则直接揭露了基层党政干部拿公权当私权，严重侵犯公民人格尊严权的违法行为。与此同时，一些宏观上的舆论监督也出现在媒体上。

从这些报道来看，20 世纪 80 年代中后期的新闻界对开展批评报道已有了新的认识：批评对象已不再是具体的事实，而是放在对造成事实的体制、制度上的调查和揭露。记者也不再完全是党政系统内的宣传员，而是具备更多独立意识和立场的新闻人。记者立场的位移与当时新闻传媒界对于民主启蒙的热情有内在联系，除此之外还与当时政治环境的宽松直接相关，党和国家不断释放出建立、健全社会主义民主制度和实行社会主义新闻民主的积极信号。邓小平在 80 年代初即提出的"人民是权力制约和监督的主体""反对官僚主义、反对腐败现象，应当以权利制约权力""共产党要接受监督"等思想成为新时期加强新闻批评和舆论监督的指导思想。在 1980 年《党和国家领导制度的改革》一文中，邓小平把舆论监督看成反对官僚主义和反对腐败的有力武器。关于民主建设和舆论监督的思想在 1987 年 10 月中共"十三大"报告《沿着有中国特色的社会主义道路前进》中得到进一步阐释："提高领导机关活动的开放程度，重大情况让人民知道，重大问题经人民讨论"，并要求："要进一步发挥现有协商对话渠道的作用，注意开辟新的渠道"；"要通过各种现代化的新闻和宣传工具，增加对政务和党务活动的报道，发挥舆论监督的作用……反对官僚主义，同各种不正之风作斗争"。① 这是"舆论监督"一词第一次正式见诸党的代表大会的报告中。而"舆论监

① 中共中央文献研究室编：《十三大以来重要文献选编》，人民出版社 1991 年版，第 43 页。

督"的提出与政治体制改革中的"社会协商对话制度"有密切关系。政治体制改革之所以要建立社会协商制度，主要是为了"反对官僚主义，同各种不正之风作斗争"，"正确处理和协调各种不同的社会利益和矛盾"，其中协调矛盾的主要思路就是通过"提高领导机关活动的开放程度"，让群众了解政治权力的行使，并对行使过程中的缺点错误提出批评。从此，舆论监督进入中国既定的新闻观念之中。党的"十三大"报告中所涉及的舆论监督、信息公开和知情权等内容在某种程度上是当时的决策层对新闻界的要求所做出的反应。

1988年4月，中共中央办公厅发布了《新闻改革座谈会纪要》，首次系统提出了新闻改革的设想，并将新闻改革作为政治体制改革的重要组成部分。① 《纪要》指出，要"正确开展批评，发挥舆论监督作用"，"实行公开批评，是反对官僚主义，纠正各种不正之风，密切联系群众，加强舆论监督所必需的"。《纪要》重申了1981年《决定》中关于批评稿件要征询有关领导机关和被批评者本人的意见的规定，但增加了一个条件："特别重要的批评稿件"，也就是说其余稿件可以不事先征询有关领导机关和被批评者本人的意见而直接发表，而且做出了要求：受征询的组织和个人应尽快在合理期限内做出明确答复。《纪要》公布以后，新闻媒体继续坚持舆论监督，第二波舆论监督热潮很快来临，舆论监督的政策控制尺度更加宽松。

由于领导层的支持，和新闻界对舆论监督的热情呼吁、广泛的研究讨论，"到了八十年代后半期，新闻媒介对社会生活的舆论监督成为新闻改革和媒介功能发挥关注的焦点。新闻传媒在社会中的角色比较确定，即信息沟通的渠道、意见交换的桥梁、监督权力的镜鉴和社会民众的教师"。② 这种对新闻传媒功能的定位实现了政府信息公开化、信息透明化和受众"知情权"满足的政治意义。"信息是一切经济活动的必要

---

① 《毛泽东新闻工作文选》，新华出版社1990年版，第313页。
② 童兵：《理论新闻传播学导论》，中国人民大学出版社2002年版，第27页。

条件，但信息还是民主政治的基石，是公民参政议政的前提条件。"①从1980年代中期开始，中国新闻界就提出了信息透明化和突破批评禁区的要求，同时媒介的独立性、新闻立法等诉求也陆续被提出，这些实际上指向新闻自由和新闻体制等基本问题。为了争取新闻自由，新闻界力推新闻体制改革，试图将新闻体制改革作为政治体制改革的突破口，并力推新闻法来保证新闻自由。在这个背景下，80年代中后期，新闻传播政治功能的发挥达到高峰，民主观念也得到更深刻的体现。1988年前，批评报道明显增多，各媒体主要集中批评不正之风，尤其是对"官倒"、以权谋私、贪污腐败等重大案件的披露、曝光加大了力度。与80年代初的新闻批评相比，这一时期的舆论监督具备了"真正的"民主内涵，这与这段时期新闻传播界主体意识的张扬以及经济领域变革催生的民众主体意识的觉醒有直接关联，也与80年代中后期思想文化界的自由民主思潮有千丝万缕的关系。

80年代中后期的自由民主思潮具有激进的特质，启蒙者对民主体制建立所需要的客观社会条件的思考并不充分；在新闻界，提出的许多改革措施同样有激进主义的倾向，"在社会层面，诸多知识分子所理解、认同并为之实践的新闻，与执政党所希望和秉持的'党管'不一致，追求的是自由话语权"。② 在民众自由的表达中，不可避免地包含对政权的批评，中国新闻体制实际上又要制约传媒去过多呈现这些批评。1989年时任中央书记处书记的李瑞环在中宣部举办的新闻工作研讨班上作了《坚持正面宣传为主的方针》的讲话；11月28日，江泽民在全国省、市、自治区党报总编新闻工作研讨班上作了题为《关于党的新闻工作的几个问题》的讲话，再次强调党性原则和正面宣传的方针。

---

① 李良荣：《历史的选择》，武汉大学出版社2009年版，第21页。
② 王超群：《论中国新闻改革30年进程中的民本化技巧》，《湖南科技大学学报》2011年5月。

二、新闻传播政治功能的拓展和丰富

从 1992 年开始，我国新闻传播事业逐渐确立了"事业性质、企业管理"的定位，媒体由原来为政治服务的舆论工具转变为为经济建设服务的大众传播媒介，我国的新闻传播业获得了新的发展动力。同时，新闻媒介开始介入我国的民主化进程，成为担当"社会"向国家进行表达的中介，政治功能进一步丰富。

1. 舆论监督功能的深化

自 1987 年党的十三大报告正式提出"舆论监督"概念，此后在中国，"无论是官方规范，还是传媒自身，舆论监督作为一种理念都无法逃避"。① 1993 年 11 月 14 日召开的党的十四届三中全会通过了《中共中央关于建立社会主义市场经济体制若干问题的决定》，《决定》将"发挥法律监督、组织监督、群众监督和舆论监督的作用"列为建立社会主义监督机制和权力制约机制的重要内容。"这是科学社会主义以及新闻事业的一个重要理论观点。以此为开端，我国的社会主义舆论监督加大了宏观的引导和监督力度。由传统的个例监督演变为对权力制约的监督。"②舆论监督所扮演的角色演变为对公共权力的制约和抗衡，在运作方式上则由授权式向自主式转变，反映出国家政治民主化和法制化的程度与水平在不断提升。

1990 年代以来新闻舆论监督出现了一些新的特点：

首先是舆论监督的主体发生变化，外延扩大。在媒体的市场属性还没有确立的 80 年代，媒体的功能更多还是代表党和政府对社会公众进行宣传、教育和引导，舆论监督的主体也是党和政府。媒体的市场属性确立后，开始有了强烈的受众意识，更充分体现出"群众喉舌"的角色

---

① 程金福：《当代中国媒介权力与政治权力的结构变迁》，《新闻大学》2010年第 3 期。

② 孙旭培：《当代中国新闻改革》，人民出版社 2004 年版，第 148 页。

意识，加之政治环境相对宽松，在市场竞争的压力下，它们不能也不愿意成为被动的政策宣传者，而是积极介入现实生活，直面社会的矛盾、主动参与舆论监督和干预公共决策，已成为相当多的媒体的自觉意识。中国新闻业的角色发生了变化，已不再仅仅作为党的宣传机关的附属物而存在，新闻从业者开始发掘出一种专业意识。舆论监督的主体也相应发生了变化，更多的公众参与进来，通过新闻媒体对不良现象，对党和政府工作中存在的不足以及某些党员干部的失职、渎职、腐败行为进行批评和监督，概言之，公众已经成为舆论监督主体的不可分割的一部分。

其次是 90 年代出现了舆论监督的新力量。从 90 年代后半期起，都市报异军突起，它以市民为主要对象，突出新闻性和服务性。比如四川的《华西都市报》、陕西的《华商报》、河南的《大河报》、南京的《现代快报》、广州的《南方都市报》、武汉的《楚天都市报》等，这些媒体由市场催生，生存完全由市场来决定，其行为必须更接近新闻规律，更符合时代潮流，走出了一条有别于传统机关报的路子。它敏锐地感知和反映90 年代中国的社会问题，比如医疗体制改革、社会保障制度改革、教育体制改革等，对改革过程中的权力滥用和腐败问题格外关注，而这些在很大程度正好适应了市民对这些信息的需求和维护自身权利的需要。它重视舆论监督，以舆论监督作为报纸的卖点，在报道内容上，都市报自觉地把大众的知情权、参与权和监督权摆在重要位置，批评报道不约而同成为各都市报的重头戏。1997 年，河南《大河报》对公安系统干部张金柱交通肇事之后逃逸一案进行了长达半年的全程跟踪报道，突破了"公检法干警违法犯罪行为在结案前一律不得报道，只在结案后报一个简单的结果"这一禁区，显示出媒体开始以前所未有的深度来干预社会，成为监督的重要力量。《大河报》的报道迅速被全国媒体转载。随后，中央电视台《焦点访谈》也播出了对此案的调查。

除各省级都市报以外，自 90 年代后期致力于跨地区监督的《南方周末》的成功运作，也充分说明了休闲类报纸在舆论监督上的作为。相对于走"市民化"路线的都市报来说，《南方周末》以调查性报道为主，通过对转型期各种社会问题的强烈反思和追问，为社会公平、民众权益鼓与呼，致力于推进民生改进和社会发展，向急剧变化的中国社会提供更为独特的新闻产品。

最后是监督常态化。自 1993 年开始，国家级电视台的舆论监督开始进入公众视野，标志事件是 1993 年开播的《东方时空》《焦点时刻》。而 1994 年 4 月 1 日《焦点访谈》的开播则正式开始了由国家级电视台启动的舆论监督模式。节目最开始的定位是"时事追踪报道，新闻背景分析，社会热点透视，大众话题评说"，其中包括一些与舆论监督有关的选题。节目播出后，影响最大、最受欢迎的是揭露社会问题和行政弊端的监督类节目，于是节目组将"舆论监督"作为栏目的定位，以"用事实说话"作为栏目的口号。《焦点访谈》的舆论监督聚焦于社会大众最关心的那些热点、难点和疑点问题，尤其对各种贪污腐败、以权谋私、徇私渎职现象进行毫不留情的揭露，因此在社会上引起巨大反响。自 1998 作 4 月以来，《焦点访谈》播出的很多节目都有了整改反馈，节目中涉及的违纪者受到了惩处，甚至一个行业、一个地区的工作状况也由于节目的报道而不得不进行修正和规范。从 2002 年开始，国务院还建立了《焦点访谈》督察情况反馈机制，以行政的力量来干预事件的处理，继而与法律的力量相接通，监督的落实变得制度化和常规化了。

《焦点访谈》之所以成为 90 年代舆论监督最成功的栏目，其奥秘在于"在遵循媒体自身规律的前提下，将'官意'与'民意'的结合视为自己的'利益'，并且在实践中发展出一套将两者结合起来的操作性技术"。① 《焦点访谈》的选题原则是"领导重视，群众关心，普遍存在"。这一定位充分考虑了不同社会群体的共同利益和关注点，在"领导重视"和"群众关心"之间找到了一个结合点，既发挥了官方喉舌的功能，

---

① 景跃进：《如何扩大舆论监督空间——〈焦点访谈〉的实践与新闻改革的思考》，《开放时代》2000 年第 5 期。

又反映了民意。当然，具体"哪些民意"能够得到反映，以何种方式得到反映则是民意本身乃至媒介本身需要答复的。① 但"《焦点访谈》的实践培育起了一个非常重要的观念，即政府的活动是可以监督的，也是应该监督的，这一观念是舆论监督未来发展的社会心理基础"。②

由于《焦点访谈》的示范作用，不少省级电视台也纷纷效仿《焦点访谈》办起了类似的节目，至1999年，根据有关方面统计，除了中央电视台的《焦点访谈》《新闻调查》等栏目外，全国31个省、自治区、直辖市的电视台共开办这类热点引导和舆论监督节目60多个；有30多家媒体的这类专栏是每周一期，不定期的有28家媒体。③ 其中比较有名的如中央人民广播电台《新闻纵横》、上海东方电视台《东视广角》、浙江电视台《黄金时间》、河南电视台《中原焦点》、山东电视台《新闻焦点》。《人民日报》1998年10月6日推出舆论监督专栏《社会观察》；许多省级党报推出舆论监督专版、专栏及相关部门，比如《黑龙江日报》成立舆论监督部门，专职舆论监督。90年代以来，媒体的活动空间得到很大拓宽，舆论监督开始全方位加强，逐渐形成了电视、报纸为主体的舆论监督网。

2. 发挥议程设置功能

所谓议程设置，指的是大众媒介有能力选择并强调某些话题，造成这些话题被公众认可的印象，或者说是大众媒介"确定辩论的范围以适合有权势者利益的过程"。④ 因此，媒体对不同事物的强调会影响公众对事物的不同关注程度。

---

① 汪凯：《转型中国：媒体、民意与公共政策》，复旦大学出版社2005年版，第49页。
② 景跃进：《如何扩大舆论监督空间——〈焦点访谈〉的实践与新闻改革的思考》，《开放时代》2000年第5期。
③ 胡黎明：《"焦点现象"研究》，新华出版社2004年版，第2页。
④ ［英］戴维·巴特勒：《媒介社会学》，社会科学文献出版社1989年版，第49~51页。

1990年代以来，社会逐渐形成不同的阶层，利益分化日趋明晰，人们需要通过利益诉求、利益表达来维护自己的权益。市场化竞争的压力往往迫使媒体主动贴近社会心理，更积极主动地为各种诉求开辟表达的通道，或者主动设置议题，使许多民众关注的问题更具公共性，新闻的主题和论域也进一步扩大。许多媒体开始作为强势的议程设置者，与公众进行互动，或者引导公众进入由媒体开辟的公共领域，让公众自由地发表意见，开展对话和交流，它们有效地引导舆论和影响社会和公众，在政治过程中扮演着越来越积极的公共通道的角色。

90年代以来，媒体议程设置不仅体现在传媒与公众之间，还体现在传媒与传媒之间。一些居于"舆论领袖"地位的媒体率先设定议题，行政级别较低和影响力较弱的媒体通过跟进报道，使该议题的影响力进一步扩大。很多时候，一些重要议题的设置并不是由那些主流媒体率先设定，一些地方性媒介往往反应更加灵敏，但由于其影响力不足，对报道的深度挖掘也不够充分，此时就需要高一层级的媒体介入，一方面拓展议题的深度和广度，另一方面对所暴露的问题的解决有间接的推动作用。1998年春节期间，山西省朔州市发生了导致20多人死亡的假酒中毒事件。《南方周末》率先在头版刊登了《朔州毒酒惨案直击》的报道；而中央电视台《新闻联播》和新华社的持续关注使该报道的影响力迅速扩大，引起高层领导对事件的注意，并启动相关调查。

媒体议程设置可以分为三个层面，"第一是大众传媒报道或不报道哪些议题，第二是大众传媒如何突出强调某些议题，第三是大众传媒如何对它强调的议题进行排序"。① 90年代以来，媒体在"三农"问题、环境污染、公共卫生、医疗保障、司法制度、贫富差距等问题上开始主动设置议题，使这些问题在很大程度上越来越具有公共性，在媒体的作用下，相关的政策、制度建设开始营建，媒体开始初步体现出具备政治通

---

① 陈力丹：《谁在安排我们每天的议论话题》，《学习时报》2004年11月15日。

道的功能。同时，也有一些议题进入第二、第三个层面，媒体通过对一系列议题的排序，突出强调其中几个议题，进而影响公众对问题的判断。比如，90 年代以来对"矿难"的关注，许多报道已超越了舆论监督的范畴，"从矿难议程到安全生产议程、区域经济可持续发展议程，围绕中国矿业的公共领域在不断扩大，各种社会意见喷涌而出，形成了新中国成立以来从未出现的媒体和公众共同关注矿业发展的局面。这种局面的出现，反映了新闻媒体社会公器意识的成熟，标志着新闻舆论已成为建构社会公共领域的引路人和组织者"。①

3. 发挥意见平台和沟通渠道的功能

媒介以自觉的民主精神和意识，为普通公众搭建起可以自由进入和平等交流的公共平台，主要方式是公众通过各种形式参与大众传媒所组织的以话题为中心的讨论，"一方面通过理性的讨论达成看待和解决社会问题的共识，对公共决策部门形成一定的舆论压力，另一方面让'真理''公理''正义'这些概念与公众的现时利益诉求进行零距离接触，使它从抽象的意识形态话语回到朴实、具体、生动的现实生活之源"。②

1996 年前后兴起的时评成为最有生机和活力的文体，活跃于各大报纸。1996 年 1 月，《南方周末》新年改版，在《时事纵横》版开出《阅报札记》专栏，开启了时评的端绪。1998 年，《冰点时评》问世，开中国报业"公民表达"风气之先。1999 年，《中国青年报》率先开辟时评专版——《青年话题》，开创了我国报刊设立评论版的先河，主编冯雪梅在谈到《青年话题》平民化编辑思想时曾说："只要你对一个新闻事件有看法，哪怕是只言片语，我们都尽可能给你提供说话的机会。"③2001年《北京青年报》在《今社评》的基础上创办了《每周评论》版，2002 年 3 月，《南方都市报》的《南都时评》面世。在众多时评栏目中，《南方周

①　王雄：《新闻舆论研究》，新华出版社 2002 年版，第 366 页。
②　王雄：《新闻舆论研究》，新华出版社 2002 年版，第 366 页。
③　路畅、高坚：《时评对公共领域的微观建构》，《采写编》2009 年第 6 期。

末》的《百姓茶坊》是最早承载民间普通读者评论时事的专版，为普通读者提供了公共表达的通路。

在 80 年代开始的新闻改革中，读者来信是公众通过媒介表达自己意见的最重要的形式，各级党委机关报一般都开设有《读者（群众）来信》专栏，但这些专栏很少涉及社会问题、国家大事或公共事务等内容，也缺少观点交锋和意见交流，而且报纸对读者来信的选择和刊载往往根据一个特定时期党和政府的某项中心工作进行政策宣传或群众动员这一目的进行，这种情形在新闻工作者的工作传统里被表述为"吃透两头"："上头"指的是党的路线、方针、政策，"下头"是指社会生活中出现的问题。出现这种状况是由党报的性质和任务决定的，直接后果则是公众成为动员和灌输的对象，而不是让他们成为公共与政治生活的主角。90 年代以来，仅仅刊登读者来信的做法已很少见，以话题为中心的讨论方式渐成主流，这与社会的宽容度和开放度逐步上升，社会自由空间日益扩大有关。"社会分化则引起思想观念多样化，不仅使产生观念价值的知识分子有了更多的自主性，而且出现相对独立于官方系统的民间话语系统。"①

三、新媒体促进新闻传播政治功能全面发挥

21 世纪以来，作为新媒体的互联网，目前已经成长为新的大众传播媒介。它在政治系统中承担着和传统大众媒介同样的政治功能，并呈现出新的特征。

1. 政治参与功能加强

在传统媒介环境下，诸多因素制约着公民的政治参与。从传播方式来看，传统媒介的传播方式通常是自上而下，媒体对信息首先要进行选

---

① 徐勇：《内核——边层：可控的放权式改革——对中国改革的政治学解读》，《开放时代》2003 年第 1 期。

择，在必要的情况下，还要对信息进行加工，最终通过版面或节目的形式呈现给受众。而受众则静止地、被动地接受信息，几乎很难做出反馈，即使有一些反馈，也要以自下而上的方式缓慢地进行。从内容上看，传统媒介传递与表达的是党和国家的意志，属于社会和民众的独立表达空间遭到排斥和挤压，民众政治意愿的表达和利益诉求渠道十分有限。这些缺陷给政治参与带来的问题是民主参与渠道不畅通，民意表达机制不健全，政治体系的输入通道严重受阻。

传统媒介的单向传播无法满足公民参与的要求，因为公民参与本身是具有主动性的，而传统媒体的单向传播方式限制了这种主动性，二者之间产生了矛盾。以互联网为代表的新媒介的出现和迅速发展，为公民有效参与提供了多样化的途径，从而大大促进了公民参与的进度与力度。新媒介在很大程度上对公民的政治参与发挥着积极的作用："第一，以网络为代表的新媒介环境保障了信息的公开，为公民参与提供了信息来源；第二，新媒介环境下信息的开放性、共享性及多元化使其不再受到社会权力结构的制约；第三，新媒介环境可能形成较以往更有力的公共舆论监督，有助于'公共性'的实现。"①

由公民参与可以逻辑地延伸出对信息资源共享的要求。出于我国特殊的政治体制和历史渊源，我国长期实行的是政府保密制度，80年代后，信息保密制度有一定程度的放开，增加了民众对政府事务的了解，但对民众表达和民主监督尚未涉及。2000年后，我国政府在信息公开方面有突破性的举措，比如，2007年4月24日公布的《中华人民共和国政府信息公开条例》，从法规层面上把政府决策公开、行政信息公开作为一种强制性的职责和义务确定下来，同时进一步从法律层面上规定了公众的知情权，这是首次从制度层面对民众知情权的保证。行政体制改革深化和新媒体技术的广泛应用，信息资源被垄断的局面渐成历史，民众的政治参与水平也在逐步提升。21世纪以来，网络在公民政治参

---

① 张利华：《新媒介与公民参与》，2010年武汉大学博士论文，第48页。

与方面发挥越来越重要的作用，如 2006 年到 2007 年的厦门 PX 事件，2003 年的孙志刚事件，以及刘涌案都是民众主动参与的舆论监督事件，各阶层公众在互联网上发表意见又通过报纸、电视等传统媒介转达给社会，并最终促使政府改变相关决策。

2. 政治沟通和协调功能增强

美国政治学家阿普特认为，政治系统的输入和输出在不同性质的政治系统中是不同的，在民主决策和精英决策模式下，政治输入—输出结构呈现出比较大的差异：在民主决策的政治体系中，政治输入的主体是社会系统，由社会系统向政府输入支持和要求等，然后由政府进行转化，最后输出、反馈等；精英决策模式下的输入—输出模式表现为：政府创设一项制度，或者一项决策，由政府进行政治动员，驱动政治社会化过程，从而引起社会的反应和变化，在这种模式中，政府是输入，社会的变化是输出。① 在中国，传统的政府过程更倾向于精英主导下"内输入"模式，这种模式的突出特点是：政治决策是政府和精英主导的自上而下的单向流动模式，大部分民众由于制度化渠道不足而被排除在公共决策之外。在这种情况下，媒体能否为民众的表达提供平台就显得相当重要。但我国传统媒体留给民众的表达空间并不充足，很多意见和声音得不到传播。

当互联网在中国迅速普及之后，由于它的传播特性，便自然而然成为公众表达自我意见、发布言论或释放情绪的主要通道。2001 年 3 月 24 日，一个名为《铁路，你究竟怎么了?》的帖子在人民网的强国论坛一经贴出便迅速引起广大网友的注意，主要是其中反映的购买车票的遭遇具有极大的社会普遍性。铁道部领导在看到帖子后很快对事件进行了调查和处理。在当时网络还只是充当传统媒体补充力量的背景下，这种出乎意料的快速反应引发了人们对网络更大的期待。当时，虽然还只是一

---

① 俞可平：《西方政治学分析新方法论》，人民出版社 1989 年版，第 31 页。

个个案，但网络作为下情上达的一种渠道，已经开始发挥作用。2003年1月19日，名为呙中校的网友发布一万多字的长文《深圳，你被谁抛弃？》，文中就深圳的发展问题进行了深入探讨。这个帖子引起了当时的深圳市长于幼军的注意，他邀请网友呙中校进行了一次对话，共同畅谈深圳的现状和未来。这两起事件被视为2000年后网络在中国发展过程中的里程碑式的事件，它的重大意义也就是由此人们开始认识到网络在政治沟通上的巨大作用。

网络舆论监督同样发挥着政治沟通的效用。中国网络舆论监督的发端被认为是"南丹矿难"。2001年，人民网以《广西南丹矿区事故扑朔迷离》一文对"南丹矿难"的揭露，极大地影响了"南丹矿难"事件的发展进程。南丹矿难是我国第一例首先由记者揭露的重大灾难事故。最终，南丹县委书记万瑞忠被判处死刑，矿主黎东明被判20年；第二年6月，《中华人民共和国安全生产法》颁布实施，其中多项条款来自南丹矿难的教训。2003年4月25日《南方都市报》记者陈峰和王雷发表《被收容者孙志刚之死》，该文详细调查了大学生孙志刚在广州被收容并遭毒打致死的经过。在铁的事实真相面前，凶手与渎职者都得到了应有的惩处。经过各方面努力，一个月后，国务院终止实行了21年的《城市流浪乞讨人员收容遣送办法》。现实社会中的重大事件在网络媒体的传播下，形成一股强大的民主监督力量，并发挥着实质性效力，网络媒体通过自己的报道揭露问题，形成公众意见，产生舆论压力，其公共话语空间的特性，使之在形成舆论方面具有更强的效果，这些舆论对于推动现实问题的解决，具有重要影响力。

第三节　民主观念观照下的新时期新闻传播

一、新闻的人民性未能得到有效重视

1980年代，新闻的党性和人民性的讨论一直是热门话题。话题的

起因是新闻界由"文革"开始反思，并追溯到"大跃进""反右"等政治运动中，在"左倾"思想的影响下，新闻报道给国家和人民及党的事业带来了危害，如何避免悲剧的再次发生是当前的共同话题。讨论的问题涉及：党组织特别是党中央犯错误的时候，党领导下的新闻事业又该如何呢？恰巧此时《人民日报》提供了一个个案：当时由于抵制"两个凡是"的错误路线，并发起了有针对性的不同意见的报道和言论，报社由此受到上级批评，被认为缺乏党性，但另一方面认为自己有人民性。针对以上事例，一种观点认为"党性来自人民性""人民性是党性的基础"；另一种观点认为两者是一致的，不是谁来自谁、谁高于谁；也有人认为"人民性"含义复杂，反对将这一概念引入新闻学。问题讨论的本身就说明了政治的进步和对新闻科学规律的尊重。

这个讨论最终以胡耀邦的论述而结束，胡耀邦在1985年《关于党的新闻工作》一文中，首先肯定新闻业是党的喉舌，是党所领导的政府的喉舌，同时也是人民自己的喉舌。虽然说"这三位一体的表述，新颖，含义丰沛，为各方所接受，在前期各种新闻观点交汇的基础上搭建了一个新的认识平台"，[1] 但这种表述只强调了新闻的党性和人民性的统一，未能解决两者之间的冲突问题。"在这一体制的实际运作中，往往过多地强调了对领导机关负责，甚至是对于某个重要领导者负责，而它的更为本质的要求——对人民负责——的实现往往系于领导机关及其负责人对于这种本质要求的认识水平、利害诉求及自觉性。"[2]新时期以来，在官方话语中，我们更多看到的是"党和政府的喉舌"，而"人民的喉舌"则要弱势得多。中国的传媒在重大的国际国内新闻报道上，特别是涉及最广大人民群众的公共事务、公共政策、公共利益、国家安全、公共安全、公仆的选举与任命等方面的新闻报道仍然看不出明显变革的迹象。

---

① 谢鼎新：《中国当代新闻学研究的演变》，中国传媒大学出版社2007年版，第86页。

② 喻国明：《当前中国传媒业发展客观趋势解读》，《现代传播》2004年第2期。

反而是，越是与公共利益相关的事项，越被视为政治敏感问题。结果酿成或加剧一些社会危机，并丧失新闻媒体的公信力。①

　　"非典"爆发初期，在最早出现病例的广东，曾经发生新闻媒体集体失语长达30天的情况。发生这种情况并非媒体的初衷，实际上是宣传纪律的限制所致，因为当时有重大事件的报道须经上级主管部门批准的规定。不光疫情，其他重大突发事件也是如此。一些重大的新闻，特别是突发责任事故、贪污腐败大案，涉及领导政绩的问题暴露等，当地的报纸、电视、广播几乎全部"集体沉默"。再如，药价虚高，百姓买不起药，已是众人皆知的事实。2005年底，哈尔滨发生震惊全国的天价医药费问题。在这个事件的背后，药价虚高的背后各种深层次社会问题让人触目惊心。然而，就是这样一个发人深省的事件，其调查结果却草草收场，各个要害问题和矛盾冲突的主角都不了了之。归根到底，这件事触及了我国医疗体制的根本弊病，只能回避。

二、市场属性带来的独立空间非常有限

　　从新中国成立之后的新闻史来看，政治对新闻的限制导致新闻独立性不强，因此，新闻要得到发展就必须从根本上解决新闻与政治的关系问题，使新闻获得自由，获得独立发展的空间。新时期以来，政治体制的民主化改革为新闻重新获得发展提供了机遇，在整个1980年代，新闻界反思新中国成立以来的新闻指导思想问题，校正、改变新闻从属于政治并且是政治一部分的观念，新闻媒介从单纯的阶级斗争工具转变为"党和人民的喉舌"。

　　90年代以来市场经济体制的确立改变了传媒的单一政治属性，同时也开始具有产业属性，产业属性是一个经济范畴，同样具有政治的意涵。经济上的独立使中国新闻媒体的生存逻辑发生了变化，新闻媒介除继续充当党和政府的喉舌之外，还具有公共领域的属性，赢得了一定的

---

①　李希光：《畸变的媒体》，复旦大学出版社2003年版，第134页。

"公共表达"的空间。媒体与政治之间的关系不再是简单的命令与服从，而是充满你退我进式的互动和讨价还价式的博弈。大众媒体的政治属性有所削弱，商业属性和社会属性不断强化，有了相对独立的地位，不断营造公共的舆论氛围，与政治保持一定的张力，媒体除了继续承担宣教功能外，还充当了政治权力的监督者和人民利益的守护者，在国家与社会、公众间扮演着中间角色。但新闻传播业作为上层建筑的一部分和党的事业的一部分，这一基本属性并未动摇。虽然具有产业属性，但在中国现有的新闻体制下，新闻传播业作为党的事业的一部分这一基本属性不可动摇。"总体讲，新闻媒介只有在无条件完成宣传任务的前提下履行其他的职能，这是中国媒介改革中最硬性的要求。体制变革衍生出的社会信息需求变化是推动媒介变革的社会动因，市场竞争环境中媒介要实现自我扩展的目标，必须不断适应变化的社会需求，谁适应得快、适应得好、适应得准，谁就会在竞争中占先；反之，滞后于社会信息需要（例如党报）或过度超前（如部分专业频道）都必然在竞争中陷入困境。"①这造成了中国新闻传播和政治的关系处于一个特定的前提：既要坚持做"党的喉舌"，又要充当"人民的代言者"；既有政治属性又有市场属性。

　　总而言之，当前的新闻传播业既要无条件服从党和政府的监督，又要自负盈亏，参与市场竞争，同时还要承担一定的社会表达功能，在三层力量的共同作用下，政府、市场投资者以及公众这三者之间的力量对比以及相互博弈的结果最终决定了新闻与政治的关系现状。但显然社会和公众一维受到前两者的挤压的情况相当严重，造成的一种普遍情况就是："对传媒严格的政治控制和放松的经济环境使走向市场的传媒开始形成一种心照不宣的潜规则：在政治上只要做好规定动作不越界，无所作为甚至比有所作为要好，舆论监督和正义坚持不比迎合市场来得安全

---

① 林晖：《未完成的使命——中国新闻改革前沿》，复旦大学版社 2004 年版，第 19 页。

和实惠。这就进一步促使传媒由政治关注和民主探询向受众个人生活的转移，使本来有社会使命感和新闻理想的那一部分传媒关注的重心也转向了迎合受众、迎合市场，追求在现行政治和经济环境下更容易追求的经济利益。"①

三、新闻与宣传的关系未能得到彻底扭转

1980 年代，在新闻学界，新闻与宣传的关系是一个曾引起持续关注的话题。经过一些争论，学界和业界达成了一些共识："不同媒体虽有不同功能定位，但就整体而言，新闻媒体是以向社会传播信息作为其生存依据，传播信息是新闻媒体的第一功能。"②但在现实的新闻传播中，政治对新闻传播的导向仍然起着关键作用，新闻传播活动总是受一定的政治环境的影响和制约。因此，我国的新闻报道尤其是政治新闻在新闻与宣传方面存在许多问题。

其一是"假、大、空"的政治应景新闻仍然大量存在。在改革开放前的一段时期，我国一度出现"浮夸新闻"，它就是一种"左"的思想所孕育的直接产物，而在"文化大革命"中那种"假大空"的新闻则更加突出地表现了这一点，这种情况下新闻为政治服务则是一个恶性的存在，因为它已经违背了民主政治的基本原则和初衷，完全沦为了政治的工具。至今，历史遗留下来的"官样新闻"或"浮夸新闻"依然大量存在。这类新闻看似贯彻党的路线、方针、政策，实则是"假、大、空"，其存在的意义是应付上级领导的检查。此外还有一种"遵命新闻"——为迎合上级指示而"制造"出来的新闻，其通常的操作模式为：主题先行，在这一主题下去寻找"亮点"，以点遮面，营造一种形势大好的局面。记者们为了配合宣传的政治需要，得努力选择几个"典型"的正面人、事，组织"亮点"，营造一派其乐融融的景象。这类新闻在我们当前的

---

① 　徐小立：《传媒消费文化景观》，人民出版社 2010 年版，第 147 页。
② 　李良荣：《艰难的转身：从宣传本位到新闻本位》，《国际新闻界》2009 年第 9 期。

各大主流媒体中绝对不是少数，它粉饰现实，遮盖矛盾，不但违背人文精神的要求，而且在政治上也起到了反作用：引起民众的反感，也误导政府决策。其根本原因在于意识深层支撑新闻观的是"政治为体，新闻为用"的宣传模式。

其二是歌功颂德的新闻依然充斥新闻版面。长期以来，我们把颂扬成绩、宣传先进看做党的新闻工作的主要任务，不敢开展批判，不敢揭露社会的阴暗面，即使是对于错误的政策，或者是政策在执行中的错误，也变得麻木不仁，结果我们在新闻中所看到的仍然是"形势一片大好"。一项政策刚出台，众多新闻传媒便马上响应党和政府的号召，大力报道和宣传，全文刊载文件精神，阐释其意义。我们常常可以看到这样一些新闻：上级政策出台没有几个月，就开始"结硕果"了；新农村建设一提出，农村就"改天换地"了。这类新闻的存在，使党的高层领导看不到事件的全局，不利于政治、经济建设的发展。

第五章　对弘扬新闻传播人文精神的思考

新时期以来，在新闻业整体发展和进步的背景下，新闻传播的人文精神得到了弘扬，但不断深化的物质利益工具化的倾向，又在削弱新闻的人文色彩，妨碍新闻传播人文精神的发扬。在价值取向多元化、传统信念淡化以及信仰危机显现的冲击下，新闻工作者的人文关怀意识也面临严峻挑战。面对这一局面，应该从制度、法律、伦理道德等多方面进行纠正，也要强调新闻传播者自身人文精神的建构。

第一节　推进新闻体制改革

一、理顺媒介与权力的关系

人文主义是一个充满"斗争"的场域，政治权力对人文领域的控制和人文领域对政治权力的反控制始终存在。从新时期人文思潮发展的过程可以看出，政治精英们在推动思想解放的过程中，对"度"的把握始终非常关注，他们清醒地认识到人文思想既可以为主流意识形态服务，也可能会造成"干扰"。如何在二者之间找到平衡关系到社会的稳定，这需要一定的政治技巧。人文主义所主张的"个人自由"与执政党所希望维护的"社会稳定"如何达成共识，是对这种政治技巧的一个考验。因而，新闻传播中对人文精神的弘扬需要在媒介与权力二者之间找到最佳平衡点。

无论中外，新闻媒介是受政治权力控制的，政治控制对新闻传播既有正面效应也有负面效应。目前新闻传播中对人文精神的欠缺与政治控制的负面效应有一定关系，制度性缺陷导致新闻媒介对人文关怀的漠视仍然是一个主要的因素。在现有体制下，新闻媒体缺少应有的独立性，无法按照新闻传播规律进行具有创造性的新闻报道；媒体长期执行正面宣传为主的方针，新闻无法反映全部的事实，也无法真正做到以人为中心，关心人和尊重人。"按照我国的现行政治体制，我国新闻媒体是党和政府、人民的喉舌，报刊、电台、电视台、通讯社等新闻机构，都在党的集中统一领导之下。这种集中统一领导通过党的宣传部门对新闻机构的管理，通过各级党组织对同级新闻机构的直接领导，通过党组织对新闻机构负责人拥有的任免权体现出来。这种政治上的领导关系，决定了党和政府必然要求各级新闻机构必须紧紧围绕党在不同时期的中心工作选择新闻，报道新闻，决定了各级新闻机构在新闻报道中，必须听从各级党组织的有关指示，必须无条件地宣传党的路线、方针、政策，决定了各新闻机构必须以报道指导性强的新闻和正面宣传为主。"①《人民日报》前总编、清华大学新闻与传播学院院长范敬宜曾说："我们的一切工作都要服从于、有利于国家和社会的稳定。有了稳定才谈得上发展。有利于稳定的就多做，努力去做；不利于稳定的坚决不做，避免去做，至少是少做。"②在我国，政治权力对媒介的控制仍然有"刚性"的一面。从这个意义上说，新闻传播人文精神的力度首先取决于政治权力赋予媒介多大的自由度。

在中国现行的政治体制下，新闻事业作为意识形态领域的重要组成部分，为政治服务是其首要任务，在这个前提下，我们在现实的新闻传播中，一旦政治宣传与人文关怀发生矛盾时，人文关怀一般会让步于政治宣传；只有在与政治宣传没有矛盾的情形下，人文关怀才得以表现出来。在许多媒体的报道中，报道视角以政治功利为标准，忽略普通民众的主体位置；在内容上，多选择领导人活动、会议以及地方政绩、经济

①　胡正强：《论新闻失实的体制性因素》，《新闻知识》2004 年第 11 期。
②　范敬宜：《谈新闻工作者的社会责任》，《新闻实践》2004 年第 2 期。

成就，真正做到"眼睛朝下"，反映民生、民情的报道不多。在政治体制和新闻体制保持现状的情况下，对媒介的准入门槛适当降低一些，在市场方面创造公平竞争的条件和环境，应该是目前可行的解决之道。

二、尊重新闻专业主义精神

新闻专业主义肇始于美国政党报纸解体之后，作为一种"公共服务"的理念在新闻行业中发展起来。"大约上个世纪90年代，'新闻专业主义'在国内新闻学界开始流行；进入新世纪，这个拿来的'主义'又得到业界人士的广泛认同。"①新闻专业主义的核心问题是新闻报道的客观性，客观新闻学的基本思想是对事实进行准确的报道，同时，它禁止在报道中公开地采取立场。② 新闻专业主义的概念还指向一种独立于政治和经济权力之外的精神和服务公众的自觉意识，它主要体现在：新闻媒体要干预和推动社会；媒体要为民众服务，反映民意；媒体的约束机制是法律和职业道德自律，尤其是后者。③

新闻专业主义精神的内涵和取向与新闻传播的人文精神有十分内在的联系。从一定程度上讲，人文精神是专业精神的塑造模具之一，两者是互通与互构的。④ 通过发挥新闻专业主义精神可以有助于人文精神的弘扬。

首先，真实是新闻传播发挥人文精神的最基本的要求。报道真相就是尊重事实，就是讲真话，新闻传播者只有做到说实话，才能保证其作为新闻人的人格品质，才能具备人文精神；其次，报道真实的事实也是对受众知情权的尊重，如果新闻媒介给受众传递了虚假的消息，就是对受众知情权的侵犯，是一种不尊重人的表现，也违反了人文精神的基本

---

① 芮必峰：《描述乎？规范乎？——新闻专业主义之于我国新闻传播实践》，《新闻与传播研究》2010年第1期。

② 郭镇之：《"客观新闻学"》，《新闻与传播研究》1998年第4期。

③ 黄旦：《传者图像：新闻专业主义的建构与消解》，复旦大学出版社2005年版，第32、77页。

④ 詹绪武：《专业精神与人文精神的有机结合——穆青新闻实践的时代解读》，《郑州大学学报》2010年第3期。

原则；最后，真实性也是媒体公信力的重要保证，真实性是新闻的生命力之所在，媒体如果违背了真实性的基本要求，也就失去了生命力，更不要谈人文精神的维护了。

客观性要求与人文关怀的关系同样与新闻传播的健康发展有关。新闻首先要传播符合客观事物真相的事实，但新闻传播不是超越传播者主观意识的"纯客观"报道，而是主体反映客体的能动传播。在实际的新闻报道中，不论传播者如何控制，主体的倾向都会在不同程度上体现出来。对此，我们必须在主观和客观相统一的关系中去看待新闻的客观性与主观性这个问题。既然无法脱离主观，那么新闻传播在尊重客观的前提下，还应该按照人的内在需求反映世界，也即是说，要形成"以人为本"的理念，并将这一价值理念投射进客观的报道上去。这样，将新闻的客观性与主观性统一，人文精神也将得以实现。

此外，作为职业理想的新闻专业主义要求新闻工作者在商业赢利、政党利益与服务公众之间的关系上保持"独立"，从这个意义上说，公共利益是新闻专业主义的核心。新闻的人文精神是实现公共利益诉求的必然要求。新闻要反映出普遍意义上的人性、社会生活的本质特征，但这只是问题的一个侧面，而言论自由、发言机会的均等在媒体空间的显现，体现人的权利、张扬人的权利、保障人的权利，则是新闻媒介更为深层次的渴求。

第二节　他律与自律的统一

在新闻业内，"政府对于新闻界的管束被认为是他律，而新闻界自身的自我管束则是自律"。① 对于新闻界来说，法律是规范新闻传播业的主要他律手段，而自律的核心内容是职业道德规范的建设与奉行，也就是传播者以新闻职业道德约束自己，规范自己的职业行为。他律和自

---

① 张咏华、黄挽澜、魏永征：《新闻传媒业的他律和自律》，上海外语教育出版社 2007 年版，第 3 页。

律的结合是要解决新闻传播中权利、自由和责任的问题，而这个问题的解决也是保证新闻传播具有人文精神的必要条件。

一、新闻立法的必要性

新闻立法的宗旨包括两个方面：保护正当运用新闻的权利与自由，同时防止对新闻自由和权利的滥用。这两个方面都是新闻传播发挥人文精神的基石。

当前中国新闻法制的特点更侧重于对新闻出版自由滥用的防范。虽然宪法中规定了公民拥有言论出版自由，言论出版自由逻辑地包含新闻自由，但是，我国至今没有规定新闻自由在法律意义上的内涵，而且也没有出台保证公民新闻自由权利的专门法律。自 1970 年代末开始，对新闻立法的呼吁就开始了。学界最早涉及新闻出版立法问题的是林春、李银河发表于 1978 年 11 月 13 日《人民日报》的文章《要大大发扬民主和加强法制》；此后，孙旭培、陈力丹等人也发表过相关文章。与学界的呼吁几乎同步，1980 年全国五届人大会议、五届政协会议期间，有代表和委员提交新闻立法的提案；此后数年的人大、政协会议，均有代表和委员提出新闻立法方面的提案；1984 年由全国人大教科文卫委员会牵头，新闻立法工作开始启动；1987 年国务院新闻出版署正式成立，中央确定由新闻出版署负责"起草关于新闻、出版的法律、法令和规章制度"，新闻出版署分别于 1987 年 7 月和 1989 年 1 月拿出了相关草案。[①] 90 年代以后，新闻立法的步骤渐趋迟缓。

由于至今没有制定专门的新闻法，目前，与新闻活动相关的法律主要以这样三种形式存在："一是散见于宪法、刑法、民法等基本法律中有关新闻传播的条文；二是政府行政主管机关制定的监管新闻传媒的专门法规和其他法规中的相关条文；三是各地新闻主管部门制定的关于新

---

① 孙旭培：《三十年新闻立法历程与思考》，《炎黄春秋》2012 年第 2 期。

闻工作的规定与章程。"①这三方面的规定，除宪法外，几乎全没有以明确的语言确立和保障新闻自由。

虽然自 90 年代至今国家制定了管理新闻工作的多个行政法规，但由于还没有专门的新闻法，因此，对新闻的管理还是以党代政，以纪代法，政府对新闻的调控人治多于法治，主要着眼于调控而非对新闻自由的保护。这与人文精神的内容显然有一些冲突。人文精神的核心是人文关怀，尤其是关注社会最广大的普通民众。媒体应该采用民间立场、百姓立场，从人民利益的角度来报道事实。但由于没有相关法律保障，媒体的权利无法获得制度性保障，它作为"社会公器"和"瞭望者"的功能受到很大影响，常常无法通过自己的手段以及方法向公众报道事实的真相，即使在某些时候能够进行报道，也容易受到阻挠，人民的知情权得不到满足，合法权益也无法得到有效保障。

另外还有一些非制度化的政策时常对媒体进行规控，对于这些，媒体却只能顺从，束手无策，归根结底，造成这些现象的原因就是新闻的自由没有明确的法律保障。② 1998 年初，重庆綦江彩虹桥整体坍塌，导致 44 人死亡。这起特别重大的灾难事故，由于有关权力机构和某些责任人故意设置了很多障碍来封锁消息、阻挠采访，以致多家聚集现场的新闻媒体无功而返。广西南丹矿难事件曾引起全国轰动，由于媒体的不懈坚持，最终揭开了这一惊天黑幕。但在事件发生之初，地方官员封锁事故消息，阻挠媒体的调查，使事件在发生多日才得以被曝光。

对民众知情权的干预和漠视显然有悖于现代法治社会的人文精神，因为它体现的是对人的基本权利的剥夺。2000 年以来，政府开始有意识地进行这方面的制度建设：一是 2007 年 4 月 24 日正式公布了《中华人民共和国政府信息公开条例》，该条例从法规层面把政府决策公开、

---

① 童兵：《理论新闻传播学导论》，中国人民大学出版社 2000 年版，第 189 页。
② 卢以品：《新时期实现新闻立法的有益探索》，《中国报业》（下）2012 年第 5 期。

行政信息公开作为一种强制性的职责和义务确定下来，同时进一步从法律层面规定了公众的知情权。至此，中国的信息公开制度基本建立，公民知情权也有了最基本的法律依据和保障。2007年8月30日颁布了《中华人民共和国突发事件应对法》，其中对"突发事件"作了如下规定：所谓突发事件，是指突然发生，造成或者可能造成严重社会危害，需要采取应急处理措施予以应对的自然灾害、事故灾难、公共卫生事件和社会安全事件。该法还规定，对"迟报、谎报、瞒报有关突发事件的信息，或者通报、报送、公布虚假信息，造成后果的"，要"根据情节对直接负责的主管人员和其他直接责任人员依法给予处分"；对"违反本法规定，编造并传播有关突发事件事态发展或者应急处理工作的虚假信息，或者明知是有关突发事件事态发展或者应急处置工作的虚假信息而进行传播的，责令改正，给予警告"，"造成严重后果的"，依法处理。① 知情权是宪法赋予人民的权利，只有满足了人民的知情权，才能监督和制约政府机构及其工作人员权力的滥用，也才能真正实现现代法治社会的人文精神。

二、新闻行业自律的紧迫性

新闻行业的自律就是职业道德规范的建设和奉行，道德自律即"道德主体借助于对自然、生活规律的认识和对道德的认同，自己为自己立法，把被动的服从变为主动服从，自觉地指导和约束自己。道德意识和道德自觉首先是人们内心世界的活动"。② 道德自律既包括行业层面的自律制度，也包括新闻传播者的道德判断和选择。新闻传播的人文精神包含了新闻职业道德的内容，一个具备人文精神的新闻报道一定具备职业道德；而丧失了职业道德的新闻报道肯定不具备人文精神。因此，加强新闻行业的自律，对职业道德的奉行是保证新闻传播具备人文精神的必要条件。

① 刘家林：《新中国新闻传播60年长编(1949—2009)(下)》，暨南大学出版社2010年版，第273页。
② 李仁武：《论道德建设的制度伦理环境》，《云南社会科学》2002年第5期。

从行业层面的自律制度来说，我国从 1980 年代初期开始关注新闻业职业道德规范的建设，如 1981 年，中宣部新闻局和首都的新闻单位共同制定了《记者守则》；1986 年，中宣部和中国记协拟订了《中国新闻工作者职业道德准则》送审稿；1987 年中宣部、国家新闻出版署和中国记协等有关部门推出《中国新闻工作者职业道德准则》（草案），1991 年中华全国新闻工作者协会讨论并通过了《中国新闻工作者职业道德准则》；此外，还有 1993 年的《关于加强新闻队伍职业道德建设禁止有偿新闻的通知》，1997 年的《关于禁止有偿新闻的若干规定》，1997 年全国记协公布的《关于建立新闻工作者接受社会监督制度的公告》，以及 2003 年多家媒体联合发布的《"弘扬职业精神、恪守职业道德、维护队伍形象"自律公约》。2005 年，中宣部、新闻出版总署等共同发布了《关于新闻采编人员从业管理的规定（试行）》。① 至此，有关新闻传媒自律方面的道德条文已经是相当全面了，但媒体犯规的行为却屡见不鲜。有学者曾经对原因作了如下分析：传媒的职业权利与党政权力的混同是滋生腐败的温床；编辑部与经营部混岗诱发腐败；利益驱动引发的传媒生存竞争加剧了职业精神的淡化；职业精神的熏陶严重匮乏；缺乏具体的、可操作的自律规范和有效的规范执行机制。② 可见，体制上的弊端、文化传统的影响、不够成熟的社会条件，都是新闻界里有规范却仍然难以自律的原因。

目前，新闻界在职业道德上的缺失与新闻传播人文精神的淡化可以等而视之。在许多媒体的运作机制下，"新闻工作者的体力、智力、知识技能作为被开发利用的对象，再加上对金钱、对财富的追求，以及对高科技的欣赏，所有这些本质上是服务于人的外在的东西，却反过来成了手段，成为支配人行为导向的工具。从而使人得从属于以人的意志为

---

① 吴飞：《新闻专业主义研究》，中国人民大学出版社 2009 年版，第 105～106 页。

② 陈力丹：《传媒应有更多的自律——对〈关于新闻采编人员从业管理的规定〉（试行）的解读》，《当代传播》2005 年第 5 期。

转移的，物化的种种社会关系"。① 2005 年，《中国青年报》编辑李大同曾对该报实施"利益给予和利益制裁"机制进行了猛烈抨击，认为这种机制会瓦解以人文精神为根基的价值体系。

当下新闻界人文精神缺失的表现是实用主义盛行，理想主义弱化，而个人利益的绝对化又使道德良知、价值理想等基本操守在部分新闻人心中逐渐退却。一些新闻单位眼睛只盯着上面，对人民群众的生活疾苦、意见、批评、监督漠不关心，对社会弱势群体和边缘群体缺乏关注，漠视他们的存在。同时，有悖新闻伦理道德的事件层出不穷。2002年 6 月 22 日，山西繁峙县义兴寨发生金矿爆炸事故，前去采访的新华社、《山西经济日报》、《山西法制报》等 11 位记者收受当地有关负责人及非法矿主为掩盖事实真相而贿送的现金和金元宝。这一事件直接引起2003 年关于"传媒职业道德与职业规范"大讨论。在这个事件中，新闻记者不仅缺乏自律，违反新闻工作者的职业道德，同时也缺乏基本的人文情怀，是对人的生命的漠视和人权的践踏，同时是对广大受众知情权的剥夺。此外，一些新闻报道以"增强竞争力"为幌子，片面追求发行量和收视率、收听率，已经跌入极端庸俗化的泥沼，甚至以恶俗化的"星、腥、性"为报道的"亮点"。对人的生物性的无限放大，遮蔽了社会的理想法则和进步法则，是新闻道德的跌落，也是人文精神的沦丧。

在我国，新闻职业道德自律问题是随着新闻业的发展壮大尤其是经济因素越来越突出的情况下而凸现的，对新闻传播的人文精神的呼吁也是伴随市场经济确立以及随之而来的新闻价值观的混乱而出现的，在市场经济条件下，人对物的依赖性是市场经济的一般本质，人文精神的失落几乎无可避免，这就更加要求新闻工作者的自律意识。

与新闻职业道德相比，我们无法对新闻传播者的人文精神进行规范，这种精神是一种无形的道德力量，深藏于人们的品行、价值观中，内化为人的感情、意志和信念，既无法监督也无法规范，它更多地是需

---

① 张晓锋：《新闻职业精神论》，中国广播电视出版社 2011 年版，第 166 页。

要新闻从业者人文素质的提高。职业道德已经有成文的规范,可以学习和考核,但媒体职业道德观的确立,不仅需要加强对新闻工作者的管理和约束,也需要媒体加强道德建设,更重要的是从外部培养道德建设的有利环境,比如体制和运作机制的转换是一个重要方面。最终,一个有效的道德体系至少应该包括以下三个方面:一是明确而清晰的道德条文;二是组织监督机构(如组织内的评价组织、行业协会、行业评议会之类的组织);三是社会监督体系(如受众的评议体系),只有三者齐全,一个真正的道德自律和他律相结合的体系才可能真正发挥效用。①

第三节　新闻工作者的修养

前面是从新闻体制、法制及道德角度对新闻传播人文精神的弘扬进行了论述,这些都是保证新闻传播具备人文精神的客观条件;而主观因素则是新闻传播者的人文精神,因为主体的传播理念直接影响着传播过程的各要素、环节的应用,是确保新闻传播中具有人文精神的重要因素。

一、新闻工作者要具有人文情怀

对于新闻工作者来说,人文情怀是一种自觉的追求和至高无上的新闻理念,在这种理念下也诞生了许多在社会上引起广泛关注和反响的报道,这些报道都无一例外地直接或间接地关注人的生存、肯定人的自由和尊严,进而呈现出鲜明的人文关怀的特征。

对于新闻传播者来说,人文情怀首先是要自觉尊崇人的主体性,坚持作为独特生命个体的"人"是目的,而不是手段,关心个体在社会中的尊严和自由。对人的尊严和自由的关怀,显示出一个新闻工作者所具

---

① 吴飞:《新闻专业主义研究》,中国人民大学出版社 2009 年版,第 112 页。

备的责任意识和道德良知。《中国青年报》记者卢跃刚在报道山西遭毁容妇女武芳时，曾经说过他在面对采访对象时，第一个反应不是理智的，而是人性的："面对这样一些具体的人，具体的生命，我们拿起笔来，不是理性地去考虑利害得失，而是一定要运用我们的笔把这件事写出来，让它发表，最后拿着我们的作品来面对这些具体的当事人。""让这些没有权力的人有一个安全的、幸福的生存环境，有一个安全的、自由表达自己意志的场所和渠道。"①被誉为"中国的林肯·斯蒂芬斯"的揭黑记者王克勤，在接受采访时说："做新闻到底是为了什么？初级的目标就是传递信息，中级的目标是报告真相。但新闻还有一个终极的守望、终极的目标，那是什么？就是守护个人权利。"②曾经报道孙志刚一案的《南方都市报》记者王雷说："孙志刚是我人生道路上的一座山，每一次行走，都会看见。它提醒我记者的职责，让我对个体的权利与命运投入更多的关注。"③尊重每一个个体生命，并平等地对待他们，是新闻传播者人文情怀的基本要求。

在当下的中国，新闻传播者的人文情怀还要指向底层社会和弱势人群，要关注社会最广大的人民群众，关心他们在社会变革的洪流中的命运。对底层社会和弱势人群的报道，就是对最真实的社会现实的揭示，记者要将自己的视角与生生不息的社会现实联系在一起，将"勿忘人民"作为自己的立业信念和道德选择。只有将自己置于普通民众之中，新闻传播者深层的人文情怀才会被激发出来，才能真正做到关怀每一个个体的自由和价值。

2011 年 7 月，《南方周末》记者傅剑峰在关于深圳"砍手党"事件的报道中深入剖析了中国的新生代农民工犯罪背后的环境和体制因素，比

①　卢跃刚：《寡民背后的大国：底层与体验》，《市场经济导报》1999 年第 6 期。

②　樊水科：《新闻工作者人文精神的四个维度》，《新闻爱好者》2011 年 11 月。

③　陈峰：《把孙志刚案的真相告诉人们》，《南方都市报》2003 年 11 月 8 日。

如乡村贫困，严峻的打工环境与所遭遇的歧视，城乡二元对立对农民工造成的心理压迫，提出的问题足以警醒社会，他在采访后记中写道："我和我所在的媒体，之所以去揭示这其中的危机，是希望社会应给这些中国城市和中国经济的奉献者们，以更多的机会公平，以更大的人生尊严。"①而长期致力于农村和农民题材报道的记者陈桂棣和春桃的《中国农民调查》关于农民、农村"想象不到的贫困、想象不到的罪恶、想象不到的苦难、想象不到的无奈、想象不到的抗争、想象不到的沉默、想象不到的感动和想象不到的悲壮"②的全景式记录同样震撼人心。记者站在底层立场，通过报道向公众敞开被遮蔽和忽视的社会底层的生活状况，并对如何保障他们的权益进行思考，呼唤社会对他们给予更多的良心和责任。弱势群体所遇到的生存发展困惑，也是社会发展变化的真切体现，新闻媒体对此进行深入报道，对社会发展的失衡提出警示，是传媒的一种使命和责任。

新闻工作者人文情怀的更高目标是揭示真相，启蒙民众，进而推动社会整体的公正和平等，只有在这个条件下，个体的自由和尊严才能实现，社会才能走向文明和进步。"记者的使命还在于弘扬一种人文理想、人文精神，使诸如公平、正义、自由、民主、科学等常识性的价值深入人心。作为记者的价值，就在于忠实地记录成为关怀制度安排的咨文，使这种事实真相的忠实记录有助于制度安排的合理和完美。"揭示被遮蔽的真相，倡扬社会公正和平等，会对整个社会形成正面的影响。因此，人文情怀最终指向的是社会责任感，新闻传播者应该忠实记录历史，帮助重建转型期中国社会的价值坐标，为社会的公平、正义和进步做出贡献；在这种悲天悯人的情怀和心系国家命运与民生疾苦的胸襟背后彰显的是传媒对理想、价值的追求，传媒对社会责任和社会使命的自觉承担，是传媒对受众进行启蒙提升的精英主义立场。

---

① 傅剑锋：《去做与这个时代相衬的事——〈城市里的陌生人〉采访手记》，《南方传媒研究》，南方日报出版社 2010 年版，第 187 页。

② 陈桂棣、春桃：《中国农民调查》，人民文学出版社 2004 年版，第 138 页。

二、新闻工作者要拥有独立人格

对于新闻工作者来说，独立人格意味着深刻的社会批判精神，在新闻实践中勇于承担自己的社会责任，同时立足专业领域，不依附政治集团，也不为经济势力所左右，从而维护个人的独立身份。

在我国，新闻工作者的独立人格意识经历了一个从被遮蔽到逐渐彰显的过程。新中国成立以来，我国逐渐确立了共产主义意识形态，并建立了"全能主义"的国家，在这个过程中，政治对新闻的控制走向深入，"随着新闻媒体的国有化，媒体的功能也随之改变。在党与媒体关系的问题上，相应地有一个理论观点的蜕化过程。开始有人主张在媒体与媒体工作者之间做出区分，认为前者是党的工具，而新闻工作者不能是工具，他应该有自己独立的看法，新闻机构也应有一定的独立自主性。继而，新闻工作者也被认为是工具，但提出要做党的奋发有为的工具，力图将一定的独立自主性蕴涵于'奋发有为'之中，以一种曲折的方式肯定新闻工作者的主体地位和主体意识"。[1] 在这种情况下，"中国共产党的路线一旦发生错误，在它领导下的舆论宣传工作也必将犯错误。因为在这种领导下，个人是无法抗拒的。你，某个记者、某个编辑，想要扭转这种局面是不可能的。所以，必然也会犯错误，甚至有时候起到推波助澜、火上浇油的破坏作用"。[2]

当然，对特定环境下的新闻工作者我们可以抱以"同情的理解"的态度，我们必须承认："传者是一种精神性质的工具。因为他们总是生活在一定的社会关系中，他的目的、需要，既是个体的形式，又是一定阶级、集团、党派意志的体现。任何一个社会，社会的统治者的思想，总是占统治地位的思想。为了维护统治，调节社会生活的正常发展，统

---

① 童兵：《主体与喉舌：共和国新闻传播轨迹审视》，河南人民出版社 1994 年版，第 106~108 页。

② 李彬、王君超主编：《媒介二十五讲》，清华大学出版社 2004 年版，第 94 页。

治者要求传达占统治地位的思想。"①囿于时代的局限,新闻工作者无法确立自我独立的人格。但我们同时也要看到,新闻工作者独立人格的丧失固然与社会环境有很大关系,但本身人格的异化造成的人格依附也值得深思。陈力丹曾经说:"过去我们搞了一些害人误国的新闻理论观点,并不是什么领导人明确指示,而是新闻界自己主动干出来的。但是许多人并没有公开承认自己过去的失误,而是常把错误归结于'四人帮'。各种荒谬的思想观点多出于自己的大脑。"②以至于新时期之初,知识分子包括新闻工作者纷纷通过反思来进行精神的自我救赎。

改革开放以来,新闻工作者人格独立意识开始重新萌动,并逐渐回归。这种回归首先是建立在社会政治、经济条件变化的基础上,我国完成从高度集权的"计划经济—政治集权"体制向更具多元性的社会政治模式的软着陆。③ 1978 年以来,"真理标准问题的讨论"拉开了思想解放与启蒙运动的帷幕,在这个过程中,国家意识形态开始松动。90 年代后,尽管政治体制没有从根本上发生变化,但政治领域的运作转向了与市场经济相配合的和谐发展的道路,政治体制改革释放的活动空间在不断扩大,媒体在企业化经营后获得了经济独立,这两方面成为新闻工作者独立人格意识确立的必要条件。从"思想解放""拨乱反正"开始,新闻界重新回到按新闻规律指导新闻工作的正确轨道,并开始了新闻改革的历史进程。在这个过程中,人们逐渐认识到新闻传播业有自身的规律,它不能为外力所左右。作为新闻改革的"副产品"的新闻工作者的观念也发生了重构,其最大特点就是人格独立意识增强。社会大环境鼓励和提倡媒介要有多种声音,鼓励新闻工作者发挥积极性和主动性,正是在社会思想和价值多元的背景下,新闻传播者的主体意识获得了再生的土壤,并随着新闻改革的推进不断增长,人文精神也由此生发。

---

① 吴高福:《新闻学原理》,武汉大学出版社 2006 年版,第 75 页。
② 陈力丹:《新闻学需要忏悔意识》,《新闻学刊》1989 年第 2 期。
③ 萧功秦:《转型政治学视野下的中国三十年》,《领导者》2008 年 4 月。

结　　语

用人文主义的视角来观察新时期中国新闻传播，并非简单地用这个舶来的概念解读新闻现象，进行伦理道德层面的批判，而是以历史的眼光来考察人文主义思想如何投射到新闻观念中，并影响新闻实践的，同时以人文主义的标准来衡量当下新闻传播中的缺陷和不足。

在考察人文主义思想对新闻传播的影响时，我们必须对新时期中国的人文思潮进行梳理，因为"某种思想之所以成为历史变化的动力，其关键在于它在一定条件下转化为许多人共同信奉并执着追求的东西，一旦到了这时，它就变成为思潮。思想的生命力在于它能否变为推动一代人或一大群人走向历史行动的思潮"。① 正是新时期人文思潮的推动，使得人文主义思想成为"主流价值"和时代精神，影响到中国社会的方方面面。

新时期人文思潮始于 1970 年代末的"改革开放"和"思想解放"运动，在 70 年代末开始的意识形态重建过程中，人文思潮起到了非常关键的作用：反思"文革"悲剧，批判政治专制主义和文化专制主义，肯定人性和人道主义的价值；80 年代中期，"新启蒙"运动成为最具影响力的思潮，在 80 年代国人普遍认可的现代性追求中成为主流。在这场运动中，知识分子推动社会进步的启蒙情怀与国家的改革目标相汇合，构成了持续整个 80 年代的以文化开放与自省为特征的思想解放运动。

---

① 萧功秦：《思想史的魅力——为什么思想史对于政治是重要的》，《中国的大转型：从发展政治学看中国变革》，新星出版社 2008 年版，第 286 页。

现代性、主体性、启蒙、民主、理性、自由等话题和理论交织在一起，构成 80 年代中后期人文话语的不同表达，而共同的目标就是构造一个"现代化"的中国和塑造"现代化"的国民。基于这种信念的共通性，知识分子形成了最广泛的统一阵营。但这一阵营在 80 年代末到 90 年代初开始分化，随着市场经济成为 90 年代的新意识形态，曾经在 80 年代高举启蒙旗帜的知识分子发现现代化的进程并不只是一套正面价值的胜利实现，而且同时还伴随着巨大的负面价值，比如"神圣感的消失""商品拜物教"和"物化"现象及其意识以及"大众文化"的泛滥，在如何对待这一问题的立场上，知识分子内部发生了分歧，一部分知识分子以"人文精神"为旗提醒我们不可背弃人文主义的价值和立场，形成 90 年代的重要文化事件："人文精神大讨论"，这也是人文思潮进一步深化的表现。尽管这场讨论发生在知识分子中间，但它在更广阔的范围内唤起了市场经济条件下人的自我意识的觉醒、对人格尊严的要求，以及自我反思的普遍社会心理，是社会发展中矛盾冲突激烈，尤其是人的精神危机问题成为一个普遍性现象这一现实在中国社会的深刻体现。

思想史家汪晖说过："中国的人文主义是一个或多个现代主题。这个或这些现代主题在不同的场合有不同的内容，但都预设了目的论的历史观和人的概念。在中国的历史语境中，进步的历史观是以现代自发社会为规范建立起来的，在这个历史观中建立起来的人的形象包含了对于西方个人主义文化的理解，也为西方个人主义知识所形塑。"①在中国知识分子对"中国问题"的不懈思考中，源于西方的人文主义思想在契合了中国现实语境的条件下，被不断阐释并获得新生，这正是人文思潮推动和促成的结果。

新时期的人文思潮构成中国社会的宏观文化背景，人文主义思想也成为社会的主流文化，"主流文化代表大多数人的意志，与社会前进发

---

① 汪晖：《人文主义与启蒙：两个现代主题》，《死火重温》，人民文学出版社 2000 年版，第 373 页。

展的方向一致。对于新闻传媒来说，研究和把握主流文化，是一个永恒的问题"。① 新闻传播作为社会文化传承的主要阵地，必定会打上人文主义思想的烙印，成为对特定时代的反映。从新闻史的角度看，80 年代初开始启动的新闻改革，就是在人文思潮的大氛围中进行的，80 年代人文思潮的核心是民主、科学、市场经济、人道主义，最终目的是要建设一个现代化的、"走向世界"的中国。新闻界也迎来了一个思想启蒙和全面革新的阶段，尽管新闻界内部存在各股力量的博弈，对人文思潮的看法也不一致，但新闻法、新闻自由、舆论监督、读者需要等诉求仍然成为时代的最强音，这些诉求产生的文化心理基础正是人文思潮带来的个性启蒙和民主启蒙。80 年代的新闻改革就是在这个大背景下展开的，新闻观念也在这个大背景下发生裂变，在 80 年代人文思潮的发展中，身处时代最前端的新闻工作者最先敏锐感受到时代的变化，他们对媒介性质和功能的思考、对新闻价值的评判以及对受众地位的重新认识都发生在社会文化发生整体变迁的前提下。

90 年代初，人文思想的主线是围绕"商业化""世俗化""物欲主义"等负面现象对社会理性精神的侵蚀而进行批判和表达忧思，经过媒介的反复传播，"人文关怀"在中国社会渐成显词，喧嚣之下，其中所蕴含的社会批判精神随时间逐渐沉淀下来，开始从市场、国家、公民或个体维度来对社会问题进行反思。与 80 年代抽象的人性解放不同，90 年代之后的人文思想更强调在具体的国家和社会的脉络中去理解和确立人的自由，在实践和物质层面推动了人的解放。这一社会文化思潮的变迁对新闻传媒产生的重大影响就是新闻媒体开始以人文关怀作为新闻的一种方法和手段，来积极主动地帮助维护社会的平衡发展，发挥媒介的社会守望功能，进而表达对人的关怀。我们可以发现，"人文关怀"对新闻传播者的价值观和新闻选择发生了影响，并常常以议题形式进入传播过程。

---

① 丁柏铨：《中国当代理论新闻学》，复旦大学出版社 2002 年版，第 15 页。

在人文思潮的发生和发展过程中，新闻媒介也成为人文思潮扩散和传播的载体。70 年代末 80 年代初，中国的新闻传媒在推动社会思想的解放方面，成为各种思想和主张的集散地，当时在党内理论家之间展开的"人道主义"论争，就经由媒体的扩散而成为社会关注的焦点，新闻媒体一度成为反映党内思想斗争的窗口；80 年代中后期，新闻媒体成为新启蒙运动的阵地，充当着社会启蒙者的角色，推动中国彻底挣脱封建文化专制主义的传统枷锁，向现代商品经济和现代民主政治跨越；90 年代初知识分子开展的"人文精神大讨论"也是由媒体的广泛传播和引用而成为社会话语。新闻传播系统对人文思潮的扩散和传播离不开新闻工作者这个重要的中介，他们在很大程度上充当着人文思想的传播者和民众的启蒙者角色。人文主义作为一种价值观，首先影响新闻工作者的价值取向，传播者将这一取向体现在报道中，然后源源不断地输送给社会，"中国新闻传播 30 年所走的道路，与改革开放的 30 年的轨迹完全一致——一方面，新闻人自身走了一条思想解放的道路；另一方面，也全力地推动了全社会和全体中国人的思想解放"。① 当然，这种作用是以整个社会的人文精神的觉醒为前提和基础的，新闻也借此实现了自身的变革。

当我们在回顾人文思潮与新时期新闻传播的互动时，我们不可忽略的是这种互动其实围绕着一个基本的主轴展开——人的主体性的不断彰显。"回首过去 30 年的中国社会的发展历程，我们可以发现，最大的也是最为核心的变化之一就是人的自主性在一条蜿蜒曲折但总体上一直向前的道路上成长。"②"主体的觉醒是当代中国社会思潮的主流，从主体的觉醒到个人的权利意识的增长，贯穿于整个过程之中。"③主体性的

① 孙德宏：《思想解放：新闻传播必须以人为本》，《新闻与传播研究》2009年第 1 期。
② 李友梅等：《中国社会生活的变迁》，中国大百科全书出版社 2008 年版，第 2 页。
③ 杨扬：《论 90 年代文学批评》，《90 年代批评文选》，汉语大词典出版社2001 年版，第 7 页。

彰显带来的是个人与国家、社会的关系的变化，个人越来越成为社会和历史中不可分离的存在，这提醒我们注意新闻传播的最终目的是社会的进步和人的全面发展，中国新闻传播将在人性意识、理性精神、民主观念方面继续前行，这也是未来新闻变革的方向。

参 考 文 献

论著：

1. ［英］阿伦·布洛克. 西方人文主义传统［M］. 董乐山，译. 三联书店，1997.

2. 许苏民. 人文精神论［M］. 人民出版社，2011.

3. 杨岚，张维真. 中国当代人文精神的构建［M］. 人民出版社，2002.

4. 林燕. 中外人文精神研究［M］. 中国大百科全书出版社，2008.

5. 曹维劲，魏承思. 中国80年代人文思潮［M］. 学林出版社，1992.

6. 人民出版社编辑部. 人是马克思主义的出发点：人性、人道主义问题论集［M］. 人民出版社，1981.

7. 李泽厚. 中国现代思想史论［M］. 天津社会科学院出版社，2003.

8. 汪晖. 死火重温［M］. 人民文学出版社，2000.

9. 许明，等. 当代中国的文化发展［M］. 中国大百科全书出版社，2008.

10. 许纪霖. 当代中国的启蒙与反启蒙［M］. 社会科学文献出版社，2011.

11. 许纪霖，罗岗，等. 启蒙的自我瓦解：1990年代以来中国思想文化界重大论争研究［M］. 吉林出版集团有限责任公司，2007.

12. 樊星. 世纪末文化思潮史［M］. 湖北教育出版社，1999.

13. 贺桂梅. 人文学的想象力——当代中国思想文化与文学问题［M］. 河南大学出版社，2005.

14. 贺桂梅. "新启蒙"知识档案：80年代中国文化研究［M］. 北京大学

版社，2010.

15. 陶东风. 社会转型与当代知识分子[M]. 三联书店，1999.

16. 萧功秦. 中国的大转型：从发展政治学看中国变革[M]. 新星出版社，2008.

17. 高瑞泉，杨扬，等. 转折时期的精神转折——"新时期"以来中国社会思潮及其走向[M]. 上海古籍出版社，2008.

18. 李友梅，等. 社会的生产：1978年以来的中国社会变迁[M]. 上海人民出版社，2008.

19. 李友梅，等. 中国社会生活的变迁[M]. 中国大百科全书出版社，2008.

20. 马立诚. 当代中国八种社会思潮[M]. 社会科学文献出版社，2012.

21. 沙莲香. 中国社会心理分析[M]. 辽宁教育出版社，2004.

22. 陈宣良. 理性主义[M]. 四川人民出版社，1988.

23. 韩震. 重建理性主义信念[M]. 中华书局，2009.

24. 哈佛燕京学社，三联书店. 理性主义及其限制[M]，三联书店，2003.

25. [美]戴维·伊斯顿. 政治生活的系统分析[M]. 人民出版社，2012.

26. [美]乔·萨托利. 民主新论[M]. 东方出版社，1998.

27. [美]哈罗德·D. 拉斯维尔. 政治学[M]. 商务印书馆，1992.

28. 刘建军. 中国现代政治的成长[M]. 天津人民出版社，2003.

29. 俞可平. 思想解放与政治进步[M]. 社会科学文献出版社，2008.

30. 俞可平. 俞可平访谈录[M]. 社会科学文献出版社，2006.

31. 刘华蓉. 大众传媒与政治[M]. 北京大学出版社，2001.

32. 方汉奇. 中国新闻事业通史[M]. 中国人民大学出版社，1999.

33. 吴廷俊. 中国新闻传播史1978—2008[M]. 复旦大学出版社，2010.

34. 单波. 20世纪中国新闻学与传播学：应用新闻学卷[M]. 复旦大学出版社，2001.

35. 李彬. 中国新闻社会史[M]. 清华大学出版社，2009.

36. 胡正荣，李煜. 社会透镜：新中国媒介变迁六十年（1949—2009）[M]. 清华大学出版社，2010.

37. 刘家林. 新中国新闻传播 60 年长编 1949—2009（上、下）[M]. 暨南大学出版社，2010.

38. 中共中央宣传部. 中国共产党新闻工作文献选编[M]. 人民出版社，1990.

39. 新华社新闻研究所. 新闻工作文献选编[M]. 新华出版社，1990.

40. 吴高福. 新闻学基本原理[M]. 武汉大学出版社，2006.

41. 李良荣. 新闻学概论[M]. 复旦大学出版社，2011.

42. 童兵，林涵. 20 世纪中国新闻学与传播学：理论新闻学卷[M]. 复旦大学出版社，2001.

43. 童兵. 新闻科学：观察与思考[M]. 复旦大学出版社，2004.

44. 童兵. 科学发展观与媒介化社会构建[M]. 复旦大学出版社，2010.

45. 童兵. 理论新闻传播学导论[M]. 中国人民大学出版社，2000.

46. 黄旦. 新闻传播学[M]. 杭州大学出版社，1995.

47. 刘建明. 现代新闻理论[M]. 民族出版社，1999.

48. 张昆. 大众媒介的政治社会化功能[M]. 武汉大学出版社，2003.

49. 张昆. 传播观念的历史考察[M]. 武汉大学出版社，1997.

50. 丁柏铨. 中国当代理论新闻学[M]. 复旦大学出版社，2002.

51. 丁柏铨. 新闻理论探索对现实问题的研究[M]. 上海交通大学出版社，2012.

52. 徐耀魁. 西方新闻理论评析[M]. 新华出版社，1998.

53. 中国社会科学院新闻研究所. 真实——新闻的生命[M]. 中国新闻出版社，1986.

54. 姚福申. 新时期中国新闻传播评述[M]. 复旦大学出版社，2002.

55. 孙旭培. 当代中国新闻改革[M]. 人民出版社，2004.

56. 新华社新闻研究所. 新闻改革十年回顾与展望[M]. 新华出版社，1992.

57. 林晖. 未完成的历史——中国新闻改革前沿[M]. 复旦大学出版社, 2004.

58. 林晖. 历史的探索[M]. 武汉大学出版社, 2009.

59. 李良荣, 等. 历史的选择[M]. 武汉大学出版社, 2009.

60. 李良荣. 为中国传媒业把脉——知名学者访谈录[M]. 复旦大学出版社, 2006.

61. 李良荣. 新闻改革的探索[M]. 复旦大学出版社, 2004.

62. 喻国明. 中国新闻业透视——中国新闻改革的现实动因和未来走向[M]. 河南人民出版社, 1993.

63. 喻国明. 变革传媒：解析中国传媒转型问题[M]. 华夏出版社, 2005.

64. 樊凡. 中西新闻比较论[M]. 武汉出版社, 1994.

65. 程世寿. 深度报道与新闻思维[M]. 新华出版社, 1991.

66. 赵凯, 丁法章, 黄芝晓. 二十世纪中国社会科学：新闻学卷[M]. 上海人民出版社, 2005.

67. 郑保卫. 中国共产党新闻思想[M]. 福建人民出版社, 2004.

68. 杨保军. 新闻精神论[M]. 中国人民大学出版社, 2007.

69. 杨保军. 新闻价值论[M]. 中国人民大学出版社, 2003.

70. 刘海贵. 中国现当代新闻业务史导论[M]. 复旦大学出版社, 2002.

71. 张国良. 新闻媒介与社会[M]. 上海人民出版社, 2001.

72. 吴飞. 传媒批判力[M]. 中国传媒大学出版社, 2005.

73. 王岳川. 媒介哲学[M]. 河南大学出版社, 2004.

74. 胡正荣. 媒介公共服务理论与实践[M]. 中国传媒大学出版社, 2009.

75. 李彬, 王君超. 媒介二十五讲[M]. 清华大学出版社, 2004.

76. 谢鼎新. 中国当代新闻学研究的演变[M]. 中国传媒大学出版社, 2007.

77. 徐培汀. 中国新闻传播学说史[M]. 重庆出版社, 2006.

78. 姚君喜. 社会转型传播学[M]. 上海交通大学出版社, 2008.

79. 吕尚彬. 中国大陆报纸转型[M]. 上海交通大学出版社, 2009.

80. 罗彬. 新闻传播人本责任研究[M]. 武汉大学出版社, 2011.

81. 王辰瑶. 嬗变的新闻——对中国新闻经典报道的叙述学解读 1949—2009[M]. 中国传媒大学出版社, 2009.

82. 黎明洁. 新闻写作与新闻叙述：视角·主体·结构[M]. 复旦大学出版社, 2007.

83. 侯迎忠. 媒介与民生[M]. 中国传媒大学出版社, 2008.

84. 胡黎明. "焦点现象"研究[M]. 新华出版社, 2004.

85. 柯泽. 理性与传媒发展[M]. 上海三联出版社, 2009.

86. 徐小立. 传媒消费文化景观[M]. 人民出版社, 2010.

87. 孟繁华. 传媒与文化领导权[M]. 山东教育出版社, 2003.

88. 董天策. 消费时代中国传媒文化嬗变的影响[M]. 社会科学文献出版社, 2011.

89. 展江, 白贵. 中国舆论监督年度报告(2003—2004)(上、下)[M]. 社会科学文献出版社, 2006.

90. 展江. 中国社会转型的守望者：新世纪新闻舆论监督的语境与实践[M]. 中国海关出版社, 2002.

91. 赵春丽. 网络民主发展研究[M]. 经济科学出版社, 2011.

92. 刘文富. 网络政治：网络社会与国家治理[M]. 商务印书馆, 2002.

93. 谢岳. 大众传媒与民主政治：政治传播的个案研究[M]. 上海交通大学出版社, 2005.

94. 郭小安. 网络民主的可能及限度[M]. 中国社会科学出版社, 2011.

95. 胡泳. 众声喧哗：网络时代的个人表达与公共讨论[M]. 广西师范大学出版社, 2008.

96. 王强华, 王荣泰, 徐华西. 新闻舆论监督理论与实践[M]. 复旦大学出版社, 2007.

97. 许新芝, 罗朋, 李清霞. 舆论监督研究[M]. 知识产权出版社,

2009.

98. 王雄. 新闻舆论研究[M]. 新华出版社, 2002.

99. 朱颖. 新闻舆论监督与公共权力运行[M]. 复旦大学出版社, 2011.

100. 田大宪. 新闻舆论监督研究[M]. 社会科学文献出版社, 2002.

101. 汪凯. 转型中国: 媒体、民意与公共政策[M]. 复旦大学出版社, 2005.

102. 张建伟. 深呼吸——未曾公开的新闻内幕(上、下)[M]. 经济日报出版社, 1998.

103. 中央电视台新闻评论部. 正在发生的历史: 新闻调查1998[M]. 光明日报出版社, 1999.

104. 张洁, 吴征. 调查《新闻调查》[M]. 文化艺术出版社, 2006.

105. 赵华. 央视《新闻调查》幕后解密[M]. 中国广播电视出版社, 2008.

106. 张志安. 记者如何专业、深度报道精英的职业意识与报道策略[M]. 南方日报出版社, 2007.

107. 张志安. 报道如何深入: 关于深度报道的精英访谈及经典案例[M]. 南方日报出版社, 2006.

108. 李大同. 冰点故事[M]. 广西师范大学出版社, 2005.

109. 邓科. 南方周末: 后台[M]. 南方日报出版社, 2006.

110. 孙玉胜. 十年——从改变电视的语态说起[M]. 三联书店, 2003.

111. 朱羽君, 高传智. 进退之间——中国电视新闻从业人员心态录[M]. 中国传媒大学出版社, 2005.

112. 章敬平. 新闻人的江湖[M]. 浙江人民出版社, 2009.

113. [美]杰克·富勒. 信息时代的新闻价值观[M]. 展江, 译. 新华出版社, 1999.

114. [英]戴维·巴勒特. 媒介社会学[M]. 社会科学文献出版社, 1989.

115. [英]詹姆斯·库兰, 米切尔·古尔维奇. 大众媒介与社会[M].

华夏出版社，2006.

116. 张咏华，黄挽澜，魏永征. 新闻传媒业的他律与自律[M]. 上海外语教育出版社，2007.

117. 张晓锋. 新闻职业精神论纲[M]. 中国广播电视出版社，2011.

118. 陈力丹，王辰瑶，季为民. 艰难的新闻自律：我国新闻职业规范的田野观察/深度访谈/理论分析[M]. 人民日报出版社，2010.

119. 吴飞. 新闻专业主义研究[M]. 中国人民大学出版社，2009.

论文：

1. 冯天瑜. 略论中西人文精神[J]. 中国社会科学，1997(1).

2. 邓晓芒. 当代人文精神的现状及其出路[J]. 开放时代，1997(2).

3. 徐友渔. 1990年代以来中国知识/思想界的分化和对立[J]. 中国图书评论，2008(3).

4. 刘放桐. 现代西方人本主义哲学思潮的来龙去脉(上、下)[J]. 复旦学报，1983(3).

5. 许明. 人文理性的展望[J]. 文学评论，1996(1).

6. 陈军科. 从人性复归到人文精神：当代中国思想解放的历史进程[J]. 理论前沿，2002(22).

7. 王家忠. 社会思潮的起源：作用及发展趋势探析[J]. 齐鲁学刊，1997(2).

8. 童兵. 科学与人文的新闻观[J]. 新闻大学，2001(夏).

9. 童兵，林溪声. "五四"精神与新时期新闻改革[J]. 现代传播，2009(3).

10. 童兵，林溪声. "五四"新闻理念在新时期新闻改革中的承续[J]. 新闻大学，2009(2).

11. 童兵. 新闻批评和政治民主——对"党报不得批评同级党委"规定的历史考察[J]. 中国人民大学学报，1988(4).

12. 童兵. 传统新闻模式突破的十年[J]. 中国人民大学学报，1988(6).

13. 尹韵公，丰纯高. 关于新闻理论中的"人民性"问题[J]. 红旗文稿，2006(18).

14. 孙德宏. 思想解放：新闻传播必须以人为本[J]. 新闻与传播研究，2009(1).

15. 李良荣. 中国新闻改革 20 年的三次跨越[J]. 新闻界，1998(6).

16. 李良荣. 试论当前我国新闻事业的双重性[J]. 新闻大学，1995（夏）.

17. 李良荣. 从民主政治建设看新闻改革[J]. 新闻大学，1988(4).

18. 李良荣. 艰难的转身：从宣传本位到新闻本位[J]. 国际新闻界，2009(9).

19. 陈力丹. 30 年来新闻学理念的变革轨迹[J]. 民主与科学，2008(6).

20. 陈力丹. 新中国 60 年：关于传媒性质的认识及新闻报道方式的变化[J]. 新闻与写作，2009(10).

21. 陈力丹. 论 60 年来我国新闻报道方式的演变[J]. 国际新闻界，2009(9).

22. 陈力丹. 论中国传媒走向"文化产业"的历史进程[J]. 山东社会科学，2011(1).

23. 张昆. 考察传播发展的五个关键指标[J]. 国际新闻界，2007(12).

24. 张昆. 媒介发展与政治文明[J]. 新闻大学，2006(3).

25. 张昆. 大众媒介的政治属性与政治功能[J]. 武汉大学学报（人文科学版），2006(1).

26. 秦志希，杨华. 论新闻学的人文学科基础[J]. 武汉大学学报，2011(6).

27. 黄旦. 80 年代以来我国大众传媒的基本走向[J]. 杭州大学学报，1999(9).

28. 吕新雨. 以人的社会存在为背景的新闻与新闻事业——关于新闻理论中诸概念的重新思考[J]. 新闻大学，1997（夏）.

29. 王洁. 论新时期中国媒介的话语变迁[J]. 河北大学学报, 2010(1).

30. 朱清河. 中国传统新闻报道观念的合法性危机及其现代建构[J]. 陕西师范大学学报, 2009(5).

31. 薛国林, 李志敏. 平衡在国家与社会之间——论中国传媒的身份危机[J]. 现代传播, 2010(9).

32. 吴元栋. 论新闻传媒的人文精神[J]. 新闻大学, 2002(春).

33. 陈明明. 新世纪中国政治发展面临的挑战和希望[J]. 探索与争鸣, 2000(4).

34. 景跃进. 如何扩大舆论监督的空间——《焦点访谈》的实践与新闻改革的思考[J]. 开放时代, 2000(5).

35. 宋小卫. 略论我国公民的知情权[J]. 法律科学, 1994(5).

36. 孙旭培. 新时期10年我国新闻媒介的功能与运作[J]. 新闻研究资料, 1992(2).

37. 孙旭培. 从精英主义新闻观念到无产阶级新闻自由[J]. 新闻与传播评论, 2008(1).

38. 孙旭培. 中国新闻事业十年来的十大变化[J]. 新闻记者, 1989(1).

39. 孙旭培. 三十年新闻立法历程与思考[J]. 炎黄春秋, 2012(2).

40. 梁衡. 改革开放30年中国的新闻与政治[J]. 新闻与写作, 2009(1).

41. 董天策. 发展民主政治与深化新闻改革[J]. 西南民族大学学报(人文社科版), 2007(12).

42. 唐海江. 论新闻自由言说的当代转向[J]. 新闻与传播研究, 2000(1).

43. 程金福. 当代中国媒介权力与政治权力的结构变迁——一种政治社会学的分析[J]. 新闻大学, 2010(3).

44. 张卓. 中国传媒公共领域角色的异化与重建[J]. 新闻与传播评论, 2004(1).

45. 孙玮. 日常生活的政治——中国大陆通俗报纸的政治作为[J]. 新闻

大学，2004(冬).

46. 雷蔚真，张宗鹭. 权威体制转型对新闻公共性的影响：从建国六十年舆论监督话语变迁看中国新闻业公共属性渐变[J]. 新闻大学，2010(3).

47. 王超群. 论中国新闻改革30年进程中的民本化转型[J]. 湖南科技大学学报，2011(5).

48. 温琼娟，陈先红. 中国互联网政治功能研究述评[J]. 武汉理工大学学报(社会科学版)，2010(12).

49. 严功军. 当前我国新闻体制改革的新趋势[J]. 西南民族大学学报(人文社科版)，2009(10).

50. 孟建. 中国大众传播事业的发展与中国民主化进程[J]. 江海学刊，2000(3).

51. 孟建. 中国大众传播事业发展与社会民主化进程的共时态分析[J]. 城市党报研究，2004(4).

52. 方索. 新闻媒介要加强民主意识的传播[J]. 新疆新闻界，1988(1).

53. 张志安. 30年深度报道轨迹的回望与反思[J]. 新闻记者，2008(10).

54. 陆彩荣. 普通人的世界——关于近期一种新闻现象的新闻考察[J]. 新闻战线，1988(6).

55. 郝雨，王振雷. 传媒市场演进与人文精神据守[J]. 南通大学学报(社会科学版)，2007(7).

56. 王雄. "以人为本"开启媒体报道"新思维"[J]. 视听界，2006(1).

57. 林新. 和谐语境下的回顾——"人文"研究状况探析[J]. 新闻爱好者，2007(12).

58. 林新. 人文研究是中国新闻理论的薄弱点——从和谐语境探析新时期以来新闻界的人文研究状况[J]. 东南传播，2007(12).

59. 林新. 以"人学"思想传播社会和谐之声——新闻的人文内涵初探[J]. 新闻记者，2008(3).

60. 刘娜，石凤妍. 人文关怀：新闻传播意识形态性的社会诉求[J]. 现代传播，2010(2).

61. 史安斌，李彬. 回归"人民性"和"公共性"——全球视野下的"走基层"报道浅析[J]. 新闻记者，2012(8).

62. 林溪声. 故事化、模糊化、民本化：1990 年代以来新闻叙事的范式转换[J]. 中国地质大学学报，2009(3).

63. 吕新雨. 以人的社会存在为背景的新闻与新闻事业——关于新闻理论中诸概念的重新思考[J]. 新闻大学，1997(夏).

64. 张志安. 深度报道的轨迹回望与问题反思——以新闻专业主义为视角[J]. 媒体时代，2011(8).

65. 张骏德. 试论我国改革开放以来报道方式的革新[J]. 新闻大学，2008(3).

66. 喻国明. 中国传媒业 30 年：发展逻辑与现实走势[J]. 青年记者，2008(2).

67. 孙五三. 批评报道作为治理技术——市场转型期媒介的政治—社会运作机制[J]. 新闻与传播评论，2002(1).

68. 陆晔，潘忠党. 成名的想象：中国社会转型过程中新闻从业者的专业主义话语建构[J]. (台湾)新闻学研究，2002(71).

69. 朱清河. 中国传统新闻报道观念的合法性危机及其现代建构[J]. 陕西师范大学学报，2009(5).

70. 林帆. 新闻是"事学"[J]. 复旦学报，1983(5).

71. 姜红. "人"的发现与遮蔽——"五四"新闻传播未完成的启蒙使命[J]. 新闻与传播研究，2004(3).

72. 姜红. 论新闻报道中的平民化现象[J]. 淮北煤炭师院学报，2002(12).

外文文献：

1. Judy Polumbaum. China Ink：The Changing Face of Chinese Journalism

[M]. Rowman & Little field Publishers, 2008.

2. Edward W Said. Humanism and democratic criticism[M]. Palgrave Macmillan, 2004.

3. Zhao Yuezhi. Media, Market and Democracy in China[M]. University of IlLinois Press, 1998.

4. Daniel Lynch. After the Propaganda State: Media, Politics and "Thought Work" in Reformed China[M]. Stanford, CA: Stanford University Press, 1999.

5. Chin Chuan. Voices of China: The Interplay of Politics and Journalism[M]. New York: Guilford Press, 1990.